Child Guidance

面對孩子的品格養成，
你教對了嗎？

如何教出有好習慣又不亂發脾氣的孩子？
生命教育就是品格教育，遵從《聖經》教導，
讓你不是專家，也能教出好孩子！

聖經教導父母的
19個學分

兒童教育指南精簡版

懷愛倫 著

出版序

　　婚姻是將兩顆心及兩個生命在愛中結合。成立家庭之後，新手父母最關心的一件事，莫過於要如何適當養育並管教子女。《聖經》中瑪挪亞所發出的問題：「我們當怎樣待這孩子？他後來當怎樣呢？」（士師記13：12）想必這個問題也是今日父母們在養育孩子時，想要知道的答案。

　　《聖經》常提醒父母教養兒女的重要性，「教養孩童，使他走當行的道，就是到老，他也不偏離。」「趁有指望，管教你的兒子。」「疼愛兒子的，隨時管教。」（箴言22：6；19：18；13：24），而我們先賢古訓「子不教，父之過。」「夫教必自童蒙始，蒙以養正，聖功也。」「教必以正」等語，也一再告訴我們該好好教養孩子。

　　當今有許多父母把教養偏重在培養孩子的才藝或能力上，卻忘了品格教育其實是最重要的一個環節，當我們以另一個角度——兒女是天父所賜的產業，祂將這個產業託付給我們管理——這樣的角度來看待我們的子女時，或許我們就得了到上述瑪挪亞所提問的解答，那就是「你們當忠心看顧這個託付。」

　　作者懷女士根據多年經驗，實際應用這些原則，並遵行上帝賜給她的異象，寫下無數有關教養的文章和講稿，本書即是從作者多年巡迴演講的文稿中彙整而成，並將原譯本《兒童教育指南》重複之處加以刪減，取其重點。在書中作者除了對父母提出寶貴的勸勉，清楚列出他們所面臨的問題，同時，也提供了許多指導原則。

　　本書內容非常實用，指導方向也十分中肯，書中詳論教養孩子的目的，教養的態度及方法等等，都是不失時效的真知灼見。此書和另一本姊妹篇《復臨信徒的家庭》中所提到的教養方針和其豐富經驗，必使讀者生發信心。誠願讀者們閱讀本書後，能夠身體力行，完成父母在人生當中此項最重要的工作，教養出符合上帝心意的子女們。

　　　　　　　　　　　　　　　　　　　時兆出版社編輯部　謹誌

學習手冊說明

關於本學習手冊

　　本學習手冊包含一系列簡易的學習單，由懷氏託管委員會及全球總會教育事工部精心撰寫而成，期能幫助讀者在閱讀本書過程中有所助益。其內容共為十九篇，本研讀手冊為搭配使用亦製作了十九篇學習單。

　　從第一至第十九篇學習單中，每一篇均按各章內容，製作 6 個單元，包括：❶閱讀範圍；❷重點複習；❸自我評分表；❹（小組或家庭聚會）問題與討論；❺個人默想；以及❻心得分享。

　　學習單的製作目的是為了幫助讀者進行個人評鑑，自評其學習成效。然而，讀者應按步就班，先進行每篇指定之閱讀部份，然後完成該篇學習單。

　　此簡單學習方式，應能使讀者在使用本書時，獲得事半功倍之學習成效。

使用者須知

　　這本研讀手冊可供個人或夫妻使用，亦可做為將來可能成立家庭的青年人之預備教材、或做中學青少年學生的家庭課程教材。自然也適合教會小組活動，以及讀書會使用。願屬天的智慧幫助每位使用本研讀手冊的讀者，能更加了解為人父母、照顧家庭，以及教養孩童的成功之道。

　　另一本關於家庭的著作——《復臨信徒的家庭》，亦推薦給所有的父母及即將成為父母者，以及對兒童心理學有學習興趣的讀者使用。

懷氏著作託管委員會　謹識

目　錄

第一篇

家庭是孩子第一所學校

Child Guidance

第 1 章　家庭學校的重要性

教育由家庭開始——孩子的教育當從家庭開始，這是他的第一所學校。在家中，他要學習許多終身受用的教導——尊重、順服、恭敬、自制等品格。家庭教育的影響力可以決定孩子將來成為善或成為惡。

奠定基礎於此——每位父母都有責任，給予孩子有關身體、智能、靈性等方面的教導。作父母的，需要懇切思考及禱告，更需要付出耐心和不孜不倦的努力，就如蓋房子般，先奠定合宜的基礎，再建立起堅固而穩健的結構，然後日復一日地進行建造、琢磨，使他們逐漸完善。

不要剝奪兒女的權利——作父母的須牢記，你們的家庭是一所訓練學校，使兒女在其間預備好，以便將來他們能進入天上的大家

庭。其他東西你們或許可以吝惜不給予，但他們幼年時期所當受的
教育，卻是不能予以剝奪。這樣，你們便是預備他們將來在信仰的
事上作更高尚的服事。

把家庭當作為一所預備學校，使孩子和青年配得為主服務，並
隨時預備好參與上帝國裏的更高學府。

非次要的任務──不要把家庭教育視為次要的任務。它在一切
真教育中是最重要的任務。父母們已受上帝託付以塑造兒女思想的
重任。

「樹枝被折成什麼形狀，樹木長成也是什麼形狀。」這是多麼
令人警惕的一句箴言！這話也當應用在訓練我們兒女的事上。父母
們哪，你們是否記得，自幼教導他們的責任，乃是上帝賜給你們的
神聖託付？無論如何，家庭教育絕不容忽略。凡疏忽了這份責任的，
便是疏忽了你們在信仰上的義務。

家庭教育的廣大範圍──家庭教育意義深遠，其範圍也甚為廣
大。亞伯拉罕被稱為「信心之父」，使他成為敬虔模範者的因素之
一，便是他在自己家庭裏嚴守上帝的誡命。他培養自己的家庭信仰，
上帝說：「我眷顧他，為要叫他吩咐他的眾子和他的眷屬遵守我的
道，秉公行義。」（創世記 18：19）

上帝吩咐以色列民要教導兒女明白祂向他們所有的要求，並且

熟悉祂對待他們本族的一切作為。他們的家庭教育與學校教育合為一。毋須外人開口，慈愛的父母親自教導他們的兒女，把上帝拯救他們所行的偉大作為，細述給兒女聽，使兒女能夠認識這位帶領他們出埃及的上帝。

入學前的準備——父母需要在學校教師教導之前，先教導自己的兒女。如果他們慎重虔誠地向上帝祈求明白自己的責任及如何履行這責任，那麼，他們必能為兒女準備升上第二級學校——也就是學校教育，作好準備。

拿撒勒家庭裏的教育——耶穌在家中受教育。祂的母親是祂在世上的第一個教師。從她口中和先知的書卷上，祂學到天上的事情。耶穌生在清寒家庭，但祂忠心愉快地盡祂身為家庭一分子的責任，扛起家庭的擔子。祂本是天上的司令官，卻情願在地上做聽命於人的學僕和仁慈孝順的兒子。祂還學了一種技能，與祂的父親約瑟一起在木匠鋪中操勞工作。

第 2 章　第一位教師

父母當明白自己的責任——父母親是兒女的第一位教師。做父母的需要明白自己的責任。當今社會，青年人腳前的每一步都有羅網和陷阱。那些終其一生受到私慾和肉體快樂迷惑的人們，真不知有多少啊！做父母的應當知道他們的子女將來必受到這些引誘，所以要作好準備，甚至在嬰孩未出生前就需開始預備，好使他們來到這世上以後，能戰勝世上的邪惡。

在每一步驟上，父母需要有智慧，以便明白如何能給兒女最佳的教育，使他們在今世能有一個有用且幸福的人生，並在來世作更高的服務及得到更大的喜樂。

訓練孩子乃是上帝計畫中一個重要部分——父母負有一個神聖重大的責任，要訓練自己的兒女，等到他們進入社會時，能向他們

所交往的人們行善，來彰顯祂的能力。

可惜許多自稱為基督徒的人，卻忽略了家庭義務，他們沒有覺察到上帝委託他們所做的這些事之重要性與神聖性：要塑造自己兒女的品格，使他們有道德能力以抗拒那些使青年人失足的許多試探，成為世上的光和鹽。

需要與上帝合作──基督並沒有祈求祂的天父讓門徒脫離這個世界，而是求祂保守他們脫離世上的罪惡，保守他們不屈服於所遇見的試探。作父母的也該為兒女獻上這樣的禱告。但他們是否會一邊向上帝呼求，一邊卻放任兒女隨心所欲呢？父母們若不與上帝合作，祂就不能保守他們的兒女不陷在罪惡裏。父母應該勇敢愉快地負起責任，並努力去完成其義務。

善盡責任的一對夫婦──有一位天使從天而降，指示撒迦利亞和以利沙伯怎樣訓練和教導他們的孩子，他們要與上帝一起合作，造就一位報信者去宣告基督的來臨。

約翰是他父母年紀老邁時所生的，他是出自神蹟的孩子，他的父母大可推托說，因為他要為主作一番特殊的工作，主必會照顧他，藉此推卸他們的責任，相反的，這對夫婦反而隱居在鄉間僻靜之地，在那裏他們的孩子不會遇到城市諸般的試探，或受誘惑以致離棄父母給予他的教導。他們盡自己的本分，培養孩子一種品格，好讓他在各方面能適應上帝為他的人生所定的各種旨意。……他們神聖地

完成了自己的責任。

視兒女為上帝的託付——為人父母者，當視兒女為上帝所委託於他們的產業，教育他們配得參與天上的家庭。教導他們敬畏上帝，因為「敬畏耶和華是智慧的開端。」（詩篇 111：10）

凡忠於上帝的人，必在他的家庭生活上將祂表現出來。他們必視訓練自己的兒女為一種神聖的工作，是至高者所交託於他們的。

父母有基督化教師的資格——父母的工作具有非常重大的意義，但今日它竟被大大忽略了。父母們哪，你們當從屬靈的昏睡中醒起，明白孩子初期的教育全依賴你們施授給他。你們要教導自己的小孩子認識基督，你們當趁著撒但還沒有將邪惡的種子撒播在孩子心田裏之前去完成這樣的工作。

假使父母不約束自己，使自己配作聰明且可靠的基督化教師，就必有罪惡伏在門前。

雙親必須同心——在家庭學校裏的一切工作上，夫妻務必親密合作。在言語上，他們必須親切而慎重，免得大開試探之門，讓撒但侵入，連獲勝利。他們不可在兒女之前顯出意見不合，並當始終維持基督徒的尊嚴。

每一孩子的特任教師——在訓練兒女的事工上，母親必須始終

都是站在最重要的首位；雖然父親負有莊嚴且重大的責任，但母親因為總是與兒女在一起，尤其是在兒女的年幼時期，因此母親一直是他們的特別教師及良伴。

比單純教導更廣闊的教育——父母務必學習，絕對聽從上帝從《聖經》中向他們說話的聲音；他們學會了這種教導，就可教導其兒女在言語和行為方面恭敬順從，這是家庭中所當推進的工作。這樣的教育所包含的教導，比單純給予生活教導，還更廣闊的多了。

紊亂的作為不蒙悅納——家庭中所表現的一切紊亂作為，在審判日是過不了檢查的。基督徒父母們當將信心與行為配合起來，如同亞伯拉罕吩咐他的眾子和他的眷屬遵守主的道，照樣，他們也要吩咐自己家中的人都遵守主的道（參閱創世記 18：19）。

父母當檢討自己的工作——父母肯否檢討自己訓練兒女的教導工作，自我省察有否憑著盼望與信心去盡自己的責任，指望當主耶穌來臨時，這班兒女要成為喜樂的冠冕呢？父母們哪，你們有權利預備兒女在今生有最高貴的作為，在世界終了可分享來生的榮耀。

第３章　何時開始訓練孩子？

教育當從嬰孩時期開始──「教育」一詞，並非指在大學完成學業。教育乃從嬰孩在母親的懷裏時開始，當母親開始塑造陶冶兒女的品格時，她便是在教育他們。

現今有許多父母們將兒女送往學校，便認為他們已讓兒女接受教育了。然而教育的範圍比許多人所想的還廣濶得多呢！這其中包括了自嬰孩至幼童，自幼童到青少年，自青少年長大至成年的各個階段所受教育的這段過程。當嬰孩的心中開始形成一種意識時，就當開始施予教育。

當孩子心思最易受感化和受教時，就當開始教育──教育與訓練的工作當從嬰孩時期開始，因為那時期的心思最容易受教和感化，而且所受的教導能牢記不忘。

兒女接受家庭學校的訓練，應該是從搖籃時期起，直至成年時為止。而且，像一個有規律的學校一樣，教師自己也該不斷地吸收重要的知識，因為她是家庭學校的主要教師，當在那裏提供她終身最寶貴的教導。

父母有責任講說適切的話語。……父母當經常在基督的學校裏，向那位愛他們的主學習教導，同樣，上帝的故事，就應在家庭學校裏傳給弱小的羊群。這樣，當理性還沒有完全成熟之前，兒女們可從父母的身上接受良善的精神。

當研究幼兒的訓練——兒女初期的訓練乃是眾人最應當留心研究的工作。我們當將兒女教育的工作視為一種重要的事業，因為他們的得救端賴乎孩子在這段時期所受的教育。父母與監護人若想要兒女有顆清潔的心，自己就必須維持心靈與生活的清潔。我們身為父母的，都當自我訓練並嚴於自律，這樣，我們身為家庭學校的教師，就能訓練兒女，預備他們承受那永遠的基業。

適宜的起誓——你們的兒女都是上帝的產業，是重價買來的。父母們哪，你們當特別慎重地效法基督的榜樣去對待他們。

當接受慎重與明白誓言的訓練，因為幼年時期所養成的不良習慣，往往造成他們終身的纏累。但願上帝幫助我們看明適宜的起誓乃是必要的。

訓練頭胎孩子的重要性——頭胎的孩子應予特別慎重訓練，因為他會影響其後的孩子們。孩子們漸漸長大，不免受到他們周遭之人的影響。假使他們被吵鬧與粗暴的人所照顧，他們以後也會成為吵鬧而幾乎沒有耐性的人。

植物是訓練兒女的實物課程——植物從種子逐漸成長的過程，是訓練孩子的一種實物教導。「先發苗，後長穗，再後穗上結成飽滿的子粒。」（馬可福音4：28）這經文所講述是比喻主創造了渺小的種子，賦以維持生命的質素，並定立了控制它生長的規律。而這比喻所指的真理也在祂自己的生活上實現了。祂貴為天庭之君，榮耀的王，竟在伯利恆變成嬰孩，代表了那在母親細心照護下孱弱的嬰兒。祂在幼年說話行事都像小孩，孝敬祂的父母，順從他們的心意，幫助他們。但自從祂的心智啟發之後，祂就不斷地在恩典和真理的知識上有長進。

個人學習單

第一篇：家庭是孩子第一所學校

署名：＿＿＿＿＿＿＿＿＿＿＿＿＿

日期：＿＿＿＿＿＿＿＿＿＿＿＿＿

一、閱讀第 12-21 頁。

二、重點複習：

1 兒童的第一所學校在哪裡？

2 哪些終身的教訓是兒童無法從旁人身上學習的？

   Ⓐ

   Ⓑ

   Ⓒ

   Ⓓ

3 家庭是一所為了什麼目的而預備的訓練學校？

4 在學校教師的工作之前，先有誰所做的工在前奠基？

5 父母應當從何時起，開始為孩子的教育做預備？

6 父母教育的宗旨，具有哪兩項雙重目的？

7 我們應當為自己的孩子獻上什麼樣的禱告？

8 為什麼施洗約翰的父母要搬遷至鄉間僻靜之地？

9 身為父母，最神聖的工作是什麼？

10 對於疏忽職責的父母，他們將面對何種可怕的控訴呢？

11 為何母親在教養兒女的事上，必須站在首要地位？

12 父母親在教導兒女恭敬和順從的功課時，最好的方式是什麼？

13 什麼事在審判之日是禁不起檢驗的？

⓮ 當孩子心中能塑造一種想法時，什麼就應當開始進行？

⓯ 當一個孩子的思考尚未完全成熟之前，他可以從父母身上學到什麼？

⓰ 為要成為自己孩子的教師，做父母的應當先做好什麼預備？

⓱ 為什麼習慣的養成對於襁褓時期及兒童初期的訓練格外重要？

⓲ 為什麼家中的第一個孩子應當給予特別慎重的訓練？

三、自我評分表：

想一想，為你們的家庭學校評分：優 ＿＿＿ 良 ＿＿＿ 可 ＿＿＿ 待改進 ＿＿＿

❶ 評分最高的部份是：

❷ 評分最差的部份是：

四、問題與討論：

❶ 何謂真教育？（書籍知識？學習技術？成為專業？品格塑造？）

❷ 為什麼「家裡的學校」對孩子如此重要？

❸ 在兒童這時期的發展階段，有哪四項功課是必須教導的？

❹ 為何父母應當對生理學、解剖學、以及健康原理有一定的認識？

❺ 到了何時父母才能說：「我教育子女的時期已經結束了」？

❻ 為何做父母的不應該一味地等待，把教育兒女的職責完全交給學校老師？

❼ 為何書中要如此強調第一個孩子應當謹慎教育？

❽ 在本單元中所列出的這些教導原則是如何與箴言 22:6 中所述的相符呢？

五、個人默想：

1 上帝能否接受我們以參與教會事務及奉獻，做為忽略教養孩子的理由？

2 身為父親，我是否已經盡到我的職責？

3 做為一個母親，我是否對兒女達成了我最重要的使命？

六、請列出至少一種方法，使我身為家中的（父親、母親、兒子、女兒）
　　之時，可以在今天就讓我的家變成更好的一所訓練學校。

方法與課本

Child Guidance

第 4 章　教導孩子的方法

　　應當研究管教方法——父母的教養工作，現今已很少會按照所當行的去做。……父母若是口是心非，說這個，卻做那個，或後來完全不關心，甚至於忘記了自己的吩咐，而兒女們也沒有細心實行你們的命令，這樣是不行的。應當設法使孩子甘心愉快地順從你們的命令；教導嫩苗的捲鬚，應緊附在耶穌身上。……教導他們在人生的小事上也求主的幫助；十分留意所當行的各種微小本分；在家做好幫手。若是你們不教育他們，那千方百計想在孩子心田上撒稗子的撒但，就要趁機教育他們了。

　　憑著寧靜的靈和慈愛的心進行工作——我的姊妹哪，上帝已託付妳為人母親的責任……妳當學習正確的方法，運用機智來訓練自己的小孩子們，使他們能謹守主的法度。妳當不斷追求心思及靈性

的最高教化，培養他們有愛慕誠實、純良、及聖潔之事的心。妳既是上帝的卑微兒女，在基督的門下受教，就當不斷增益自己的能力，以便藉著教導和榜樣，在家作成最美滿的工作。

寧靜溫和的態度──很少人知道，溫和而堅定的態度，甚至在養育嬰兒上，亦有宏效。性躁心急的母親或褓姆會使懷中的嬰兒有易怒的性情，而溫和寧靜的態度，能使他們的神經寧靜安定。

各種理論應予試驗──除非能把所得的意見，在實際的生活上付諸實行，否則書本上的研究和方法，對妳的訓練難有益處。並且有時即使是別人最有價值的建議，也不可未經思想及審辨，便急遽予以採納。因為那些建議未必適應每個母親的環境，或家中個別孩子的特別性情或個性。母親應當細心研究別人的經驗，注意他們的方法與自己的有何不同之點，並對那些看來真有價值的，加以細心試驗。

古人用過的方法──在很早時候，以色列的忠厚長者就已十分注意教育。耶和華曾指示，對於孩子，從襁褓時期起，就當教導他們知道祂的良善與偉大，尤其是在祂律法中所昭示和以色列歷史中所顯明的。藉著那些啟發心思的詩歌、禱文、及《聖經》教導，教導他們的兒女明白，上帝的律法乃是表彰祂的性格，在他們領受律法的原理，並存記於心時，上帝的形像便在他們的心思及靈性上躍然顯現。

慈愛親切的教導——父母的特別工作，便是慈愛而親切地教導兒女，而非聽命於兒女。他們要教導兒女，使兒女順從。

孩子好動的個性在天性上有趨於頑皮的傾向，若沒有讓他們活潑的心思忙於更美好的事物上，那麼，他們就必聽從撒但的建議。孩子……必須受教，引導他們行在安全之道上，保守他們遠離罪惡，用愛心贏得他們，認同他們的好行為。

父母親們哪，你們要怎樣成功地教育兒女呢？不可用斥責的方式，因為這是無益的。應當跟兒女談論，好像你們已信任他們的智慧一樣。要仁慈、溫柔、親愛地對待他們。告訴他們上帝期望他們如何行。告訴他們，上帝要他們受教育及訓練，以便能與祂同工。當你們克盡本分時，你們也可信賴主，祂會實行祂的分下工作。

當花時間去教誨兒女——每個母親應當花費時間去教誨兒女，矯正他們的錯誤，並以耐心教導他們走正路。

有多樣化的教誨態度——在教導孩子上，應當格外留意，教誨的態度貴在多樣化，以便啟發他們心思的高尚能力。……現今很少人明白，心思的最基本需要是什麼，及如何指導那日見發育的智力，也就是青年人長進的意念及感情。

在戶外教導的初步課程——母親們哪，應當讓小孩子們在戶外遊戲，利用大自然這本書及其周圍的天然景物，教導孩子簡單淺現

的功課；等到他們的腦力發展，便可配合加授書本上的功課，使他們在記憶中永誌不忘。

開墾土地乃是對孩子的很好工作，可使他們與自然界及自然界的上帝有直接的接觸。當他們得到這種耕種的經驗之後，有助於他們將來在花園及農場中協助工作。

在這種環境之下所受的教育，乃是與上帝所教導孩子的指示相符合的。……

對於體質較衰弱的孩子而言，在他已對書本上的功課感到精疲力盡及無法記憶書中內容時，此舉尤有價值。他可從自然界的研究中獲得健康及喜樂，所得的印象也不會從腦中磨滅，因為他會睹景運用，把這些經常呈現眼前的事物與他的記憶聯想起來。

功課要簡短而有趣——父母們若能徹底地克盡本分，例上加例，使功課簡單而有趣，不但用訓誨也用榜樣來教導，主就會與他們的努力同工，並使他們成為有效的教師。

「簡短扼要的說，但要時常說。」——教導孩子的人，切忌冗長多說。簡短而扼要的述說，會有愉快的影響。若有很多的話要說，不妨提綱挈領地常常提起。偶而穿插幾句有趣的話，會比一次把話全部說完，更有益處。長篇大論會使孩子小小的腦袋無法負擔。話說得太多，即使是屬靈的訓誨，也會引起他們的厭惡，猶如飲食過

多，以致胃腸負擔過於沉重，見到美食也引不起食慾。人們的腦袋也可能被太多的話語所撐脹。

鼓勵獨立的思想——孩子一方面可從教師及課本上獲得實際的知識，另一方面也能從大自然中學到功課，分辨真理。在他們從事園藝的時候，可以詢問他們從栽種修剪的工作上得到些什麼功課。當他們觀賞美麗的風景時，可以問他們上帝為什麼使田野森林具有各種美麗的色彩。為什麼不使萬物一律都是深褐色的呢？當他們採集花朵的時候，可引導使他們想到上帝為什麼從伊甸園留下這些美麗的花木來給我們。教導他們注意自然界到處所有的證據，證明上帝是顧念我們，使萬物都能奇妙地適合我們的需要與快樂。

指導孩子的活動——父母們不必遏阻或限制孩子的活動，但他們必須明白，應當帶領訓練使他們進入適當合宜的方向。這乃是基本需要的。這些活潑的衝動有如葡萄藤，若不加以訓練，就會橫越每一枯枝殘幹及矮樹叢林，將其卷鬚緊纏在那些低下的支持物上。那些葡萄藤若未經訓練修剪，得到適當的支持，就必無謂地浪費其精力。對於孩子，也是這樣。他們的活動，應被訓練於正當的方向。應當給他們的雙手及頭腦有些事情做，以便能使他們在體力及智力方面的造就有所進步。

從幼年便教導他們成為好幫手——服務他人的訓練，從孩子很小的時候就要開始教授。孩子的體力和理解力發達到充分的地步時，

就該派他做一些家務瑣事。鼓勵他去幫助父親和母親，養成他克己自制的精神，訓練他把別人的快樂和需要放在自己的之前，時時刻刻尋找機會幫助弟弟妹妹和玩伴，好好地對待年老患病和窮苦可憐的人，使他們獲得快樂。一個家庭中愈充滿服務他人的真精神，孩子就愈能在生活中圓滿地發展這種服務精神。他們必學會在為人謀福的服務犧牲中尋找到快樂。

父母們哪，當幫助兒女忠於執行其身為家庭成員的切實本分，來實行上帝的旨意。這將給予他們最寶貴的經驗，並可教導他們的心思意念不會以自我為中心及只為自己尋歡作樂，故應當耐心地教育他們在家庭的範圍內克盡本分。

細心呵護培養孩子品格──父母們哪，你們在教養兒女的事上，要研究上帝在自然界中所賜的教導。如果你要栽一棵石竹，或一棵玫瑰，或一盆百合花，試問你將怎樣著手呢？你可以請教一個園藝家，問他用何方法使枝葉茂盛美麗，並生長得最勻稱好看。他會告訴你，這項工作可不是粗手粗腳，碰碰摸摸，用蠻力就可從事的，因為那樣做只會折斷柔嫩的枝條。他乃是小心翼翼地修剪，而且細心呵護。他用水滋潤泥土，保護那正在生長的枝葉，不受暴風吹襲，或烈日酷曬，然後上帝才使它們生長茂盛，開放可愛的花朵。你們對待兒女，也要效法園藝家的方法，用柔和的動作，慈愛的撫育，照著基督品德的樣式來陶冶他們的品格。

要留心小事——在教育孩子上，若姑息、縱容、溺愛他們，將是何等大的錯誤啊！這會使他們變成自私、無用，並在人生小事上不能勝任。他們未受訓練執行日常的瑣事，也許是微小的本分，以獲得操練品格的力量。……

人在執行微小的本分上若不忠心，就不配擔負重大的責任。品格的培養，是憑循程度增進的，人在受訓練時所付出的精力與功夫，是與其所要成就之事業的大小成正比例的。

聰明孩子需要更多的關心——我們應當使孩子的心中切實記住，他們不是屬於自己的，不可隨自己的喜好出入來往，穿著打扮及行為舉止。……他們若生來就賦有動人的容貌及難得的天分，就當更加注意他們的教育，免得這些資質變成害他們的禍根，使他們不配擔負今生嚴肅的實際責任，而且由於他人的阿諛、虛榮、及愛出鋒頭，以致不能勝任更高尚的生活。

約束不合理的關注及奉承——不要給孩子太大的關注。應當讓他們學習自娛之道。不要在客人面前誇耀其天賦奇高，聰穎過人，應當儘量讓他們過著天真純樸的孩子生活。現今有這麼多的孩子們膽大妄為、傲慢無禮，其大原因便是父母給他們過多的關注及讚美，讓他們一再聽到說他們聰明能幹的話。盡力不可無故責難，也不可過度阿諛讚美。撒但正迫不及待地要在他們幼嫩的心田上播撒邪惡的種子，你們切不可幫忙他進行其邪惡工作。

向兒女誦讀——父母親們哪，應當從教會書籍和出版品上儘量獲得一切的幫助。當用些功夫向兒女誦讀。……組織一個家庭讀書會，讓家中每個成員放下日常的事務，環坐誦讀。尤其是那些慣於閱讀小說及黃色書刊的青年人，可參加晚上的家庭讀書會，從中獲得很大的益處。

「教養」不是「告訴」——父母們已受上帝委託交付偉大的工作，以教育及訓練兒女得將來不朽的生命。許多的父母似乎以為給小孩子們吃飽穿暖，及照世人的標準教育他們，便是盡了自己的本分。他們太忙於自己的業務及娛樂，以致沒有時間來教育兒女，關心他們的生活。他們沒有盡力訓練兒女，使他們能運用其才幹來尊榮他們的救贖主。所羅門王並沒有說：「告訴孩子他所當行的道，就是到老他也不偏離。」他說：「教養孩子，使他走當行的道，就是到老他也不偏離。」

教育克己自制之道——人類所負的工作，沒有一個會比給孩子適當的訓練與教育，更需要費心照顧與技巧了。我們在幼年時代所受的周圍影響力，乃是一切影響力中最有效果的。……人的本質有三部分，所羅門王所吩咐的教養，是包括體格、智慧、及道德能力的良好發育在內。欲要完成此項工作，父母與教師們必須自己明白「孩子當行的道」。這是除了學校的教育及書本的知識之外，還包含實行節制，弟兄之愛，敬畏上帝，以及執行我們對自己，對鄰舍，與對上帝的本分在內。

訓練孩子必須用不同的原則，這與訓練無理性的動物之方法不同。野獸只慣於順服主人，而孩子卻必須受教去約束自己。人的意志必須受訓練，去順從理性及良心。一個孩子也有可能被父母這樣訓練，像野獸一樣，沒有自己的意志，他的個性消失在教師對他的訓練中。這種訓練非常不智，其後果也是很悲慘的。受過這樣教育的孩子，缺乏堅決果斷的能力。他們無法根據原則行事；他們的理性能力，也沒有被運用或強化。我們應當盡一切所能地訓練每個孩子將來有自主自立的能力。孩子在運用身體各項功能時，他會明白自己最強的優點，和自己的缺點是什麼。賢明的教師會特別留意發育孩子較弱的特性，培養他擁有一個均衡的品格。

第5章 《聖經》為課本

孩子的第一本課本──《聖經》應作為孩子的第一本課本。父母要運用《聖經》，給予孩子賢明的教導。上帝的聖言當作為生活的準則。孩子們要自《聖經》中得知上帝是他們的天父，藉著諄諄教誨，他們要學習其中的原理，去實行公義與判斷。

一本滿含應許、福惠與譴責的書──母親務必使自己留心並牢記上帝聖言中的應許與福惠，以及祂所禁止的諸般事情，以便當她的兒女行錯時，她可提供上帝聖言作為斥責，並向其說明為何這樣的事會使上帝的聖靈擔憂。

研究《聖經》以樹立品格──若以《聖經》的教導，實際貫徹在孩子的人生中，便能在他們的品格上發生一種道德與信仰上的影響力。提摩太便學習並實行了這種《聖經》教導。上帝必賜福給那

些凡照祂指示去努力教導兒女的父母。

以令人喜愛的《聖經》主題表現出上帝的慈愛——家庭中的兒女都應當照著主的教導和警戒接受教養。要抑制各種作惡的傾向，使邪惡的癖性得以馴服；兒女們當受教明白自己乃是主的產業，為祂的寶血所購贖，不可為屬世的短暫快樂和虛榮而虛度了人生，放任自己的意志，隨從自己的意志而行，還自認自己可被列於上帝的兒女之中（參閱使徒行傳 12：6 － 10）。

《聖經》故事使膽怯的孩子得以安心——惟獨那有上帝同在的感覺，始能消除怯弱孩子認為人生為重累的恐懼。必須使這類孩子牢記這樣的應許，「耶和華的使者在敬畏祂的人四圍安營，搭救他們。」（詩篇 34：7）當令孩子閱讀以利沙在山城中的奇妙故事，當時是怎樣有大隊的天使，在他與大隊敵軍中間環衛著他（參閱列王紀下 6：17）。再讓他去閱讀彼得在監獄中被定死刑時，上帝的使者怎樣向他顯現，祂怎樣領導祂的僕人彼得越過那武裝的衛兵，與那關鎖緊密防守堅固的鐵門，達到安全之處。或讓他去讀那為囚犯的保羅，在去被審受刑的海途上，向那些在狂風巨浪中飄搖，心感勞苦、飢餓、疲乏的兵士及水手們所說的一番鼓勵與希望的話語。「現在我還勸你們放心，你們的性命一個也不失喪。……因我所屬所事奉的上帝，祂的使者昨夜站在我旁邊，說：『保羅，不要害怕，你必定站在該撒面前；並且與你同船的人，上帝都賜給你了。』」保羅因為相信這應許，就敢向他的同伴們保證說：「你們各人連一

根頭髮，也不至於損壞。」事情果真如此。因為在那船上有一個人是上帝可藉以作工的，所以全船的外邦兵士和水手都被保全了。眾人都得了救，上了岸（參閱使徒行傳 27：22 – 24，34，44）。

《聖經》記載這些事，並非僅要我們閱讀而感覺驚異，它乃是要這種古時上帝僕人心中運行的信心，同樣也在我們的心中運行。祂先前怎樣行事，，祂如今也必照樣行事，只要有充滿信心的人就能讓祂行使祂的能力。

應當信心堅強，教導兒女知道，我們必須倚賴上帝。要給孩子讀四位希伯來人的故事，使他們心靈的深處，感悟到在但以理時代因嚴守正義原理而發揮的善良影響。

《聖經》的教導宜簡明易解——父母要教導兒女這些《聖經》教導，並使之簡化而容易了解、吸收。

當教導兒女明白，他們應以上帝的誡命為其終身準則。因某種緣故兒女要與父母相別，離開自己的家庭，但他們在孩子時期所受的教導，必造福其一生。

第 6 章　大自然的課本

取之不竭的教導源頭——除了《聖經》之外，大自然應作為我們最大的課本。對於那還沒有進入正規學校的幼童，大自然提供了教學與喜樂的無盡資源。

在伊甸園中亦以大自然為課本——整個自然界志在說明一切屬於上帝的事物。對於居住在伊甸園中的亞當夏娃而言，自然界充滿著有關上帝的知識，富有神聖的教導。在他們的耳朵聽來，自然界所發的聲音乃是智慧之聲。智慧向他們的眼目說話，被他們的心接納，他們倆藉著上帝所造的萬物而與祂交往。

大自然的課本向他們展開活生生的功課，提供了永無窮盡的研究和欣賞的資源。「雲彩如何浮於空中。」（約伯記37：16），以及聲和光，日和夜的一切奧祕，都是地上第一所學校中的學生們研究的對象。

人類墮落後所增設的課本——地雖受了咒詛的損害，但大自然仍是人們的課本。然而它現在不能只代表良善，因為罪惡已充斥各地，地和海以及空氣都被罪惡玷污了。人們要從顯明善惡兩種知識的自然界，得到警告，知道罪的結果。

大自然作《聖經》教導的例證——《聖經》的作者們採用了許多大自然的例證；當我們觀察大自然的事物時，我們就能在聖靈的引導之下，更加明白上帝聖言所含的教導。

當鼓勵孩子們在自然界搜尋那些解釋《聖經》教導的事物，並從《聖經》中找出由自然界而引申的比喻。這樣，他們就可學習，在樹木與葡萄藤，百合與玫瑰，太陽與星辰中看出基督。他們也可學習，在禽鳥的歌聲，樹木的嘯聲，轟轟的雷聲和海洋的樂聲中，聽出祂的聲音。自然界的每一事物都必向他們重述祂的寶訓。

對於那些運用大自然使自己認識基督的人，地球就不再成為荒涼之處，而將成為他們天父的家，到處可感受到那位曾經一度住在人間的主與他們同在。

《聖經》解明大自然的諸多奧祕——然而當孩子與大自然接觸時，也必看到疑惑不解的地方。即使看到自然界所顯明的不幸，人們也可學得同樣悲慘的教導——這是仇敵撒但的作為（參閱馬太福音 13：28）。

　　荊棘和蒺藜，刺草和稗子，都是代表那行損害並毀壞的惡。歌唱的鳥，開放的花，雨水和日光，清風和甘露，以及自然界的千萬事物，從森林的橡樹到其根旁所開的菫花，都表現出了那恢復能力的愛。自然界依舊向我們宣述上帝的善良。

　　理想課室中的教導──那住在伊甸園的人怎樣從大自然課本中學習；摩西怎樣在阿拉伯的平原和山頭上看出上帝手所行的神蹟；幼童耶穌怎樣在拿撒勒的山邊學習，今日的孩子也可以照樣學習。那不可見的上帝已在可見的事物上顯明了。

　　培養對大自然的愛──但願母親……能花費一些功夫為自己和兒女在心裏培養對自然美景之愛。這樣，她便能引導他們幼小的心思，想念創造的主，並在他們的心中，激發他們敬愛那位賜下萬般福惠的賜予者。

　　父母可行許多的事，鼓勵兒女愛惜上帝所賜的大自然萬物，並在他們的一切享受中，鑑別那賜恩的手，並藉此與上帝聯絡，等時候到了，這種子就會發芽生長，並有豐滿的收穫。

　　與小鳥同唱讚美詩歌──幼童們當親近大自然。不宜將流行時尚的枷鎖加於他們身上，寧可容他們像小羊羔似地在新鮮的陽光中遊玩。教導他們從祂所創造的萬物中看出上帝的智慧與慈愛。

　　要教導孩子尊重那位偉大藝術家的傑作，在自然美景中學習建

立自己的品格，使上帝聖潔之美進入他們的人生，以便他們可用自己的天賦來造福他人，榮耀上帝。

從大自然指出創造大自然的上帝——當教導孩子培養抗拒諸惡的勇氣。要從大自然指出創造大自然的上帝，這樣，他們便可認識創造主。父母們當時時思考的問題乃是：「我當以什麼最佳美的方式，教導兒女去事奉並榮耀上帝？我們豈不該當殷勤盡力促進自己兒女的幸福嗎？」

研究大自然，可加增智力——上帝的榮耀彰顯於祂的作為上。尋索其中的奧祕，必加增孩子的智力。藉著那在大自然界中的上帝作為來了解真理。樹林中簡樸的葉子，以青色細莖為鋪滿大地的絨毯和樹木花草，森林中巍然的大樹，高聳的山脈，花崗的巖石，匋匐不息的海洋，鑲嵌穹蒼使黑夜華麗有如珍寶的光體，陽光無窮無盡的財富，月亮嚴肅的榮耀，冬季的寒冷，夏季的炎熱，這種種的大自然事物皆提供眾人研究的資料，作為深入思考及發展想像力之用。

那些愛好虛浮尋求宴樂之輩，若容許自己的心思注重於實際與真理的事物上，那麼他們的心中就會充滿了敬畏上帝的意念，敬愛那創造大自然的上帝。

大自然與《聖經》都是耶穌的課本——祂的學問根源乃是從天庭得來的——有益的操作、《聖經》、自然界的事物、人生的經驗，

這些都是上帝的課本，充滿著教導，給凡願意作的手，睜開的眼，和有穎悟力的人。

祂對於《聖經》的淵博純熟說明祂早年是如何勤讀上帝的話語了。展開在祂面前的，是上帝創造之工的大圖書館。創造萬物的主基督，這時卻要研究祂起初親手在大地、海洋、和太空中所寫的教導。祂研究植物、動物、和人類的生活，祂在自然界中尋找資料；當祂研究植物和動物的生命時，祂心中就往往會出現種種新的想法和方式。……

每一個孩子，都可以像耶穌一樣獲得知識。當我們想藉著《聖經》認識天父的時候，天使就必接近我們，我們的心志就必能堅強起來。我們的品格也提高了，而且陶冶地越來越純潔了。

祂施教時常運用的教導——大教師引導祂的聽眾與大自然接觸，以便他們聆聽那透過受造物所發出的聲音；等到他們的心軟化，其思想也能接受了，祂就幫助他們解釋所見事物的屬靈教導。祂喜愛使用有真理教導的大自然比喻，顯明祂的心志受到自然界的影響有多大了，以及祂是多麼樂意從日常生活環境中運用屬靈的教導。

空中的飛鳥，野地裏的百合花，撒種的人和種子，牧羊人和羊群——這一切都是基督用以解釋永恆真理的例證。祂也從生活事物中舉例，也就是聽眾所習知的經驗事實——如麵酵、埋藏的財寶、珠子、魚網、遺失的錢、浪子、和建造在磐石與沙土上的房屋等。

在祂的教導中，有些事物是人們感到興趣的，且是訴諸每一人心的。這樣，就使日常的職務不至於變成一番的苦役，喪失了其高深的意義，反倒成為能不時使人想起那屬靈未見之事的愉快工作了。

我們也當如此教導孩子。使孩子學習從自然界中看出上帝仁愛與智慧的流露；使他們看到野獸、花卉和樹木的時候，便能聯想到上帝。

當他們學習且研究一切大自然受造物和生活經驗的教導時，就必看出那統治大自然事物與人生境遇的規律，也就是支配我們的規律，是為了我們的利益所而制定的；惟有服從這些規律，我們才能獲得真正的幸福與成功。

第 7 章 大自然課本的實際教導

上帝的聲音在祂的大自然作為中──我們無論往何處去，都可聽到上帝的聲音並目睹祂的作為。從雷鳴轟轟的聲音和古老海洋夠息不息的波滔響聲起，至使森林充滿佳調的樂歌為止，大自然裏萬般的聲音都在讚美上帝。一切裝飾大地並使天空發亮的光榮與優美都宣述上帝的存在。

當我們享受祂所賜的這一切禮物時，豈可忘記那位賜予者嗎？但願這一切的禮物能促使我們沉思祂的良善與慈愛──那是藝術家無法描畫，人口所不能形容的美麗世界。「上帝為愛祂的人所預備的，是眼睛未曾看見，耳朵未曾聽見，人心也未曾想到的。」（哥林多前書 2：9）

論上帝的慈愛與聖德——母親……不該專注於虛偽的事物或被憂慮的重擔所壓，以致無暇將上帝自然界偉大的功課拿來教養兒女，用正開放的美麗花卉來感化他們幼嫩的心思。今生一切良善可愛而優美的事物，都向他們述說天父的愛。孩子可以在祂所造的萬物中，鑑賞上帝的作為和品德。

論上帝的至善至美——猶如大自然的萬物都竭盡其所能使大地美化，以表揚上帝的至善至美，來感激那偉大的工匠；照樣，世人在自己的範圍內也應以全力表揚上帝的至善至美，讓祂在自己的身上成就祂公平、憐憫、與良善的旨意。

論創造者與大自然——是誰賜給我們這使大地百物生長結實的陽光呢？是誰賜予生產豐饒的甘霖呢？是誰將穹蒼和天空中的太陽、月亮、和眾星賜給我們呢？是誰賜你理性，並且日復一日地垂顧你呢？有誰能在花卉上描繪出上帝所裝飾的繽紛色彩呢？……

世上絕對沒有比大自然更好的課本。「你想野地裏的百合花怎麼長起來；它也不勞苦，也不紡線；然而我告訴你們，就是所羅門極榮華的時候，他所穿戴的，還不如這花一朵呢。」（馬太福音6：28－29）但願我們兒女心中的思想被提昇到上帝之前。

遵從上帝的律法——這維持大自然的同一能力，也正在人心中運行著。這管理星辰和微小原子的同一個規律，也支配著人的生命。一切的生命都是從祂而來。惟有與祂協和，才能覺察其活動的真範

圍。人不論是在身體、心智、或道德方面，若違背了祂的規律，就是使自己與宇宙不和，並招致傾軋、紊亂與毀滅。

因此，對於凡學習如此解釋大自然教導的人，一切大自然事物就會顯得很清楚了：世界就是課本，生活就是學校。這些教導都是我們的兒女需要學習的。

得自撒種的教導——撒種與種子的比喻給人深切的屬靈教導。種子代表撒在心田裏的諸般原理，而其發芽生長則代表品格的培養。這是一種切合實際的教授方法，孩子們可以預備土壤並撒下種子；當他們栽種時，父母或教師可向他們解說心田的園地，以及撒在其間或善或惡的種子，並且園地必須事前先作一番撒種的預備，照樣，心田也必須先預備好以接受真理種子。關於植物生長的情形，自然界與靈界有許多相同點可以解說，讓孩子明白（參閱馬太福音 13：18 - 23）。

孩子的心田需耕種——從田地的耕種上，可不斷地學到功課。無人能將收穫莊稼的期望，寄諸在未經開墾的荒土上。屬靈方面的撒種也必須如此。心園必須予以開墾。心地也必須藉悔改來掘鬆。那阻礙好種成長發育的有害之物必須根除。正如一度滿布荊棘的土地，只有藉著殷勤的耕作才能開墾；照樣，內心罪惡的傾向，也惟有靠基督的名和能力而誠懇努力改過，才能得勝。

在恩典中長進——當向兒女述說上帝行神蹟的權能。當他們研究大自然的課本時，上帝必感動他們的心。農夫開墾土地並撒播種子，但不能使種子發芽生長。他必須依靠上帝去作人力所無法成就的事。主將祂的活力放在種子裏，使其產生新生命。在祂照顧之下，生命的胚種掙破外邊的硬殼，而後生長結實。「先發苗，後長穗，再後穗上結成飽滿的子粒。」（馬可福音4：28）當孩子們聽到上帝在種子身上的作為時，他們就會學習在恩典中長進的祕訣。

超越環境的影響——在美國有許多地方種植睡蓮。這美麗的睡蓮長得純潔無玷、無瑕疵。它們在污泥中生長。有一天，我向兒子說：「請你幫我拔一株睡蓮，盡量從靠近它的根部拔起來。我希望你能明白一些關於這睡蓮的事。」

他拔了一把睡蓮給我觀察。它們的莖幹處處有孔，使莖幹能從下面汙濁的泥沙中吸取養料，來栽培純潔無玷的睡蓮花朵。它不受一切污泥的影響，也避免一切難看之物的沾染，因而產生純潔的鮮花。

我們就當以這種方式在這世界裏去教育我們的孩子。要教導他們的腦與心，明白上帝是誰，耶穌基督是誰，和祂為我們所作的犧牲，做個出汙泥而不染的人。

有關信賴與恆切作工的教導——「你且問走獸，走獸必指教你；又問空中的飛鳥，飛鳥必告訴你；……海中的魚也必向你說明。」「你

去察看螞蟻的動作。」「你們看那天上的飛鳥。」「你想烏鴉。……」（參閱約伯記 12：7－8；箴言 6：6；馬太福音 6：26；路加福音 12：24）

我們不僅要告訴孩子關於這一切上帝所造生物的事，也需要讓他們從動物身上直接獲得教導。螞蟻可給人耐心勤勞，堅忍克難，以及為將來作準備的教導。飛鳥可給人信靠的好教導。我們的天父固然供養牠們，但牠們卻必須自己採集食物，營築巢穴，並養育小鳥。牠們需時刻冒著受到仇敵傷害的危險，然而牠們卻是多麼愉快地去作牠們的工！牠們的歌曲是多麼地充滿快樂！

那位作詩者形容上帝照顧林中動物的話，是多麼地美妙啊！
「高山為野山羊的任所；巖石為沙番的藏處。」（詩篇 104：18）
祂使那「飛鳥在水旁住宿，在樹枝上啼叫。」（詩篇 104：12）

林中和山間的一切動物，都是祂大家庭的一部分。「你張手，使有生氣的都隨願飽足。」（詩篇 145：16）

昆蟲教導勤勞——殷勤的蜜蜂給智慧人可以效學的榜樣。這類昆蟲嚴守完美的規律，蜂房中不許有一個怠惰者。……這位智慧者要我們注意世上小小的動物。「懶惰人哪，你去察看螞蟻的動作就可得智慧。螞蟻沒有元帥，沒有官長，沒有君王，尚且在夏天預備食物，在收割時聚斂糧食。」「螞蟻是無力之類，卻在夏天預備糧

食。」（箴言 6：6 － 8；30：25）我們可向這班小教師們學習忠誠的教導。上帝的慧眼既垂顧祂至小的動物，祂豈不照顧按自己形像所造的世人嗎？

個人學習單

第二篇：方法與課本

署名：

日期：

一、閱讀第 26-49 頁。

二、重點複習：

1️⃣ 若你不教導自己的孩子，誰將會代替你教導他們？

2️⃣ 為什麼父母應當將教學的方法與他人的方法作研究、嘗試、並比較？

3️⃣ 哪三件事情是每一個母親都應當與她的孩子一起做的呢？

Ⓐ

Ⓑ

Ⓒ

4️⃣ 教導孩童的第一本教科書應當是哪一本書？

5️⃣ 孩子應當注意什麼地方所顯示的證據，證明上帝是顧念我們的，而且祂在一切事上都顧念我們的福址與快樂？

6️⃣ 哪四件事是孩子應當被教導絕對不可以做的呢？

7️⃣ 為什麼現今的孩子表現的態度經常是膽大、魯莽、傲慢無禮呢？

8️⃣ 什麼應當成為在教導兒童的過程中，他們生活上的準則？

9️⃣ 什麼應當成為家庭生活圈中令人喜愛的主題？

🔟 什麼能為膽怯的孩子消除恐懼？

⓫ 除了表現上帝的品性之外，大自然還時常在哪些方面向我們提出警告？

⓬ 我們可以教導孩子在哪些事物上看見基督？

⓭ 什麼應當成為幼童們的教室？

14 我們應當容許幼童們在什麼地方遊玩？如何遊玩？

15 認識大自然可以為智力帶來什麼好處？

16 透過上帝創造的大工，我們應當特別注意並學習什麼？

三、我對自己在教學方法上的評量是：

優_____良_____可_____待改進_____

1 我最有教學成效的教學方法是：

2 我最無教學成效的教學方法是：

四、問題與討論：

1「應當設法使孩子甘心愉快地順從你們的命令」是什麼意思？

2 討論如何以「寧靜的靈」和「慈愛的心」來教育兒女。

3 性情急躁、心急的母親會在養育或照顧兒女的過程中，為他們帶來什麼樣的影響？

4 我們應當如何教導兒女獨立思考？

5 應當從何時開始指派事務讓孩子去做？

6 日常生活瑣事的處理與品格發展有何關係？

7 為何在教導天才孩童上需要更大的注意？

8 討論為何在讚美、誇耀、及奉承孩子一事上需要特別約束。

9 上帝的兩本書（大自然與《聖經》）與教導孩童有何關係？

10 討論：在大自然中看見上帝（小心泛神論）看見上帝的腳蹤。

11 討論：研究大自然能為心靈、身體、及道德三方面帶來的益處。

五、個人默想：

1 我是否做到設法令我的孩子甘心樂意地順服？

2 我願意給撒但多少時間來教導我的孩子？

3 我平時話太多了嗎？

4 在教導孩子的事情上，我具備了「慈愛」和「親切」兩項特質嗎？

5 為什麼我不該用斥責的方式教育兒女？

6 一個家庭愈充滿哪一種精神，就能圓滿地發展在孩童的生活中？

7 自然界中的美，是否令我思考天家的美好？

六、說出我今天從大自然的課本中學到的一項功課。

第三篇

受過訓練的導師

第８章　事前準備的必要
第９章　自我改進

Child Guidance

第 8 章　事前準備的必要

忽視做母親前的事先準備──孩子的第一位教師就是母親。在孩子吸收力最強與發育最迅速的時期中，他的教育大部分是來自母親手中。她有最先陶冶孩子人格的機會，使孩子或善或惡。她應當明瞭自己，並比其他任何教師，更具有資格儘量善用這種機會。然而一般人對於母親的訓練卻很少加以注意。對於這位在教育上影響孩子最強大最深遠的人，卻很少給予有系統的教導使她們獲得協助。

極需細心及隨時的準備──那些負責撫育嬰兒的人，往往不明瞭孩子身體方面的需要，對於健康的規律或教育的原理，亦少有所知。他們也不適合去照顧嬰兒心智及靈性的成長。他們也許很有資格去處理業務或作生意，或在社會上有卓越的聲譽，或在文學與科學上有相當的造詣，但對於教養孩子方面，卻所知極微。……

　　對於孩子早期或後期的教養，父親應與母親同負其責，因此，父母雙方都極需細心及做隨時的準備。男女在自己還沒有為人父母之前，均應熟悉身體的規律——熟悉生理衛生、影響、遺傳、衛生、服飾、運動、和疾病治療等定律；他們也當明瞭心理教育與道德訓練的各種規律。……

　　除非作父母的對於本身職責的重要性獲得了充分的認識，並為其神聖的職責接受訓練和準備，不然當他們教養時無法達成其所能及所應有的效果。

　　誰能當得起呢？——父母當自問：「誰能當得起呢？」（哥林多後書 2：16）惟有上帝才是他們的能力，而他們若將祂置之不顧，不去尋求祂的幫助與指導，那麼他們的使命將無成功之望。……智慧的源頭是敞開的，他們能從中汲取一切所需的知識。

　　若要教養孩子，須先了解上帝的旨意——父母若沒有清楚了解上帝旨意的經驗，順服祂國度的律法，他們是無法教育好孩子的。惟有具此經驗，始能引領兒女往天國去。我的弟兄姊妹們哪！倘若你們不辨別是非，不知道順服能得永恆的生命，背逆會招致永遠的死亡，你們又焉能教育兒女有關上帝的事物呢？

　　我們必須以明白上帝的旨意為終身任務。惟其如此，我們才可給兒女適當的訓練。

上帝有完備的教導手冊——除非他們以上帝的聖言為自己的人生準則；除非他們領悟到自己對每一兒女須給予薰陶培養使他們能持有永生，不然父母將無所適從，不知該如何履行本身的任務。

給父母與兒女的規則——上帝已賜下指導父母與兒女們的規則。這些規則務必認真遵守。不可放任兒女，以免他們誤以為可以隨心所欲而不必求教於父母。⋯⋯信心與行為本是並行的。家庭生活與學校生活都當規規矩矩地凡事按著次序行。

以訓誨和法度為標準——若要按上帝的期望去完成家庭教育的重任，父母親便須殷勤研究《聖經》。他們須向偉大的教師學習。親切和仁愛的法度每日不離其嘴唇。

昔日若有疏忽，今日須及時挽救——父母當為本身和家人之故，研究上帝的聖言。然而有許多孩子竟被父母忽視，以致他們長大成人而仍未受教，毫無管束。如今父母當盡力及時挽救以往的錯誤，將兒女重置於最佳的影響範圍下。

這樣，父母們哪，你們當查考《聖經》。不單作聽道的；乃要作行道的。於教養兒女的事上要迎合上帝的標準。

與上帝同工——母親們哪，妳們要敞開心門接受上帝的教導，並時常記著必須盡自己的本分，順服上帝的旨意。妳們需要置身於光明中，並求上帝賜予智慧，才能知所當行，認清上帝是工頭，而

自己乃是與祂同工的。「所以，你們或吃或喝，無論做什麼，都要為榮耀上帝而行。」（哥林多前書 10：31）

若是教養工作一開始有了錯——對於那些在教育工作上有了錯誤開始的父母親，我要說，不必絕望！你們需徹底悔改歸服上帝。此外，你們也需要有真正順服上帝聖言的精神，而自己的積習與行為更需要務實改良，使你的人生與上帝的救贖原理相稱。

今天便是你們受託的一天，是你們當負責任而又有良好機會的一天。你們交帳的日子，不久必來臨。當以懇切的禱告與忠信的努力去作你們手上的工。

第 9 章　自我改進

　　不斷進步──母親的工作要一生不斷地進步，才能領導兒女達致成功的高峰。然而撒但也會設計奪取父母及兒女的靈命。現今許多母親被誘撇離家務和訓導兒女的重責，而去追求自我與世界。

　　縱使沒有其他原因，母親也當為兒女之故，培養自己的智力，因她們所負的責任是比坐在寶座上君王的責任還要重大。現今很少母親體會到自己所受委託的重要性，更沒有覺察到在自我教育方面，耐心與徹底的努力所能獲致的效果。

　　智慧與效率不斷增進──作母親的尤其如此，若期望自己在智慧與效率上有所增進，則當養成思考研究的習慣。凡在此作恆切不倦的努力者，不久就必發現自己獲致原來以為缺少的才能，並且還能學會正確地陶冶兒女的品格。

基督化教育的奇妙效能——直至今日，一般父母還未覺悟到基督化教育的奇妙效能。許多真理寶藏被人冷淡地忽略了。父母們哪，上帝吩咐你們以擦上眼藥的眼睛，再度觀察這問題。到現在為止，你們只不過作了一點的功夫。應當負起這久被忽略之工，上帝就必與你們合作。當全心全意地作工，開始將福音帶進家庭生活中。這樣，上帝必幫助你們獲得進步。

我們現今是在上帝的工廠中。在我們中間有許多是從石礦裏鑿出來的粗糙石頭。然而當上帝的真理在我們身上發生作用時，一切不完全的地方都被除去。而我們也被預備好在天上宮殿裏如同活石放光，在那裏我們不僅要與聖潔的天使交往，更是要與天上的大君王相往來。

怎樣做一個理想的母親——賢妻良母，應該挪出時間求知識的增進，注意子女的腦力發展，做丈夫的真伴侶，善用自己所有的機會，感化所愛的人，以便進入高尚的生活。不要終日被其他的勞苦壓倒。她應該用心求救主做她的好朋友，用功研究《聖經》，同孩子們到大自然中，從主所創造的萬物和自然的美景上，認識上帝。

她當保持快樂活潑的精神。夜間的光陰，不要一味地做家事，要設法使一家人在忙碌一天工作之後，大家有團聚的快樂。若能如此，則許多男子就會歡喜地待在家裏享天倫之樂，不致到酒店和其他地方遊逛了。許多孩子也不致在馬路上和十字路口閒蕩。許多女

孩子也可免交輕浮害人的同伴了。這樣的家庭，其影響對於父母和子女，就能造就終身的幸福，且可算是與上帝的旨意相符了。

給予作母親的勸告——妳不宜任性而行，乃當格外慎重，凡事顯現正確的榜樣。不可閒懶無所事事。當激發妳潛在的精力，並以殷勤愉快的表現，使丈夫覺得他非常需要妳。在凡事上使他幸福。負起家中應盡的義務。研究怎樣敏捷地履行一切簡單、乏味、平庸的家庭生活義務。……

生活太過忙碌的父母們——許多父母們說自己太忙，無暇增進智力去教養兒女如何應付實際的人生，或教導他們怎樣去做基督羊欄裏的好小羊。父母們不可忽略武裝自己的心志去抗拒罪惡，謹防那不僅敗壞自己，還將痛苦與各樣不幸禍害遺傳給後代的仇敵。父母們要正確地教育自己，方能教導兒女知道上帝仍然統管萬有。

父母應欣然領受勸告——當父母們處在不敬虔或漠不關心的沉睡中時，撒但便在兒女的心田裏播下那將要發芽漸長且結出死亡果子的種子來。然而這樣的父母們卻反對他人指出其錯誤，也不願接受勸告。他們的表現似乎是向那班勸誠的人質問：「你們憑什麼權利來干預我們教育兒女的方式？」可是，他們的兒女難道不是上帝的兒女嗎？祂將要怎樣對待他們這有罪的疏忽呢？當祂質問他們為何生養兒女，卻任由他們成為撒但試探的犧牲品時，他們將要怎樣為自己辯護呢？應當隨時準備接受他人的勸告。不可認為自己怎樣

對待兒女，是與教會裏的兄弟姊妹們無關。

可互相勸勉的聚會益處——上帝已將最聖潔的工作交託我們，我們需要一同聚集以領受教導，才配得從事這工作。……我們須彼此聚集，領受神聖的感化，了解我們在家中的工作。此外，父母們也需明白如何使兒女在家庭聖所中接受相當的教育和訓練，然後才能出發配作世上之光，照耀人間。

聚會後回家時，我們該更加了解有關家庭義務事宜。在聚會中要學習許多有關主希望姊妹們在家要作的工。她們要學習對丈夫及兒女說話有禮貌，她們也要研究怎樣協助家中每一分子順服上帝的紀律。但願父母們都領悟到自己有責任使家庭成為愉快可愛的居所，並且體會到責罵或恐嚇不能獲得兒女的順從。現在還有許多父母尚未發現怒罵是毫無善果的。還有不少父母也沒有體認到向孩子們說仁慈話語的必要。他們完全忘了這班孩子們是重價買來的，是主耶穌所贖買的產業。

個人學習單

第三篇：受過訓練的導師

署名：

日期：

一、閱讀第 54-61 頁。

二、重點複習：

1 在教育的事上，誰的影響力更強大、更深遠？

2 關於撫育嬰兒，有哪三方面的事情是一些父母親不夠了解的？

A

B

C

3 對於孩童哪一部份的教養，父母親應該有徹底的準備？

A

B

4 男女在自己尚未為人父母之前，應對自己哪些方面有所了解？

5 要到什麼時候，教育才能達成其應有的效果？

6 對於將來，什麼是父母親必須要交帳的？

7 什麼樣的法度應每日不離父母的嘴唇？

8 當我們把上帝的旨意當做自己的目標，我們的孩子長大後會如何？

9 我們若在教養子女的事上持隨意、或漠視的態度，會招來什麼樣的結果？

10 若我們在教育兒女的工作上有了錯誤的開端，今天我們該如何做？

11 今天是我們受囑託，做哪三件事的一天？

Ⓐ

Ⓑ

Ⓒ

12 選擇事奉自我及世界對於做母親的人有何影響？

13 為了不讓自己終日被家務的勞苦壓倒，一位母親應該做些什麼？

Ⓐ

Ⓑ

Ⓒ

Ⓓ

14 撒但何時將死亡的種子播在我們兒女的心田裡？

15 我們教養自己孩子的方式與其他人有關嗎？

16 做父母的人一同聚集是為了什麼目的？

17 什麼事情是透過責罵與威脅絕對無法達到的？

三、自我學習單：做為教師，我的表現：

優＿＿＿＿良＿＿＿＿可＿＿＿＿ 待改進

1 對我最有益處的教導是：

2 我最需要的教導是：

四、問題與討論：

1 作父母的人對本身職責準備的重要性與教師相比如何呢？

2 教育若不能達成其所有及應有的效果，其影響會持續多久呢？

3 為什麼在毫無準備的情況下就為人父母，乃是一種過犯？

4 討論「信心與行為」在家庭生活中的重要性。

5 在教養兒女的事上，為什麼《聖經》是如此重要的一本指引？

6 我們該如何做，才能讓孩子天天在聖靈的引導之下成長？

7 討論「父母的養成」與「兒童教育」的關係。

8 我們如何教養自己的兒女這件事，為何與其他人有關？

9 為什麼要舉行父母養成並互相勸勉的聚會？

10 討論責罵、嘮叨、及咆哮對孩子的影響。

五、個人默想：

1 我具備足夠的資格成為父母嗎？

2 我該如何才能讓自己有資格成為父母？

3 若我不是，我的孩子會成為什麼樣的人？

4 我會成為什麼樣的人？

5 什麼應當成為一位母親至高的目的？

6 我應當體會自己哪方面的需要？

7 誰所負的責任比坐在寶座上的君王還要重大？

8 如何將福音帶進我的家庭生活中？

9 在一天的工作之後，我的家中有團聚的「天倫之樂」嗎？

六、說出一項課題，是我身為（丈夫、妻子、兒子、女兒）在今日曾教
　　導我家人的，而上帝也能讚許的課題。

順從──首要的教導

Child Guidance

第 10 章　幸福與成功的祕訣

　　幸福基於順從——惟願父母和學校的教育者都能記著，教導孩子順從乃是教育課程中更重要的一部分。現今對這部分的教育工作已不太重視了。孩子們若受適當的管教，將比縱容他們隨其不馴的個性而行，還要快樂得多了。

　　長期敏於順從父母賢明管教的孩子必得幸福，更能榮耀上帝而造福於社會。孩子們當受教知道，若要享受完全的自己，就當順從家規。教會的信徒也當同樣受教，欲得享受真正的自由，就當完全順服上帝的律法。

　　背逆使人損失伊甸樂園——創世初期的歷史曾詳述亞當夏娃違命的經過。由於一次的背逆，我們的始祖便喪失了美麗的伊甸樂園。而且他們所行的竟是如此的小事！我們理當感謝主，因為這不是一

件大事，否則世上微不足道的背逆行為可就多了。上帝向伊甸園裏的那對聖潔夫婦所施的，乃是極為輕微的試驗。

背逆與犯法，對於上帝始終是大逆不道之罪。在小事上不忠心，若不加以矯正，不久就會引人干犯大罪。背逆的本身，就是罪行，這不是以背逆大小的程度來定的。

今世靈性興盛的基礎──今世靈性的興盛，端賴我們是否遵守上帝的律法而定。我們若不讀《聖經》，就不明白其中所提到的殷勤聽從上帝的律法，並以此教導家人者能蒙神喜悅的條件。順從上帝的聖言，便是我們的幸福與生命。若不是尚有一些遵守誡命的子民居住在地上，祂將不惜降下祂的刑罰。現今為了那些敬愛祂的義人，祂仍厚賜憐憫。

引導兒女走上順從之道──父母負有神聖的責任，要引導兒女走上嚴格順從之道。今生與來世的真實幸福乃繫於遵行「耶和華如此說」這句話。父母們哪，你們當以基督的人生為楷模。撒但必以種種詭計來破壞這崇高的敬虔標準，說這標準太過嚴格。你們有義務教導兒女從小便知道自己是照上帝形像所造的。基督降世是要給他們的榜樣，這樣他們才知當行之道。上帝的旨意是要孩子能聰明地了解祂的要求，以便分辨公義與罪惡，順從與背逆。

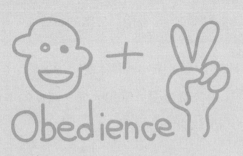

第 11 章 自幼施教

及早開始教導——對父母的權力，宜於孩子幼年時施予教導，然而有些父母卻認為，不妨讓小孩們在幼年隨意而行，等他們長大時，他們就能明白事理了，這是錯誤的觀念。應當在他們幼年時便開始教導順從。……在你的家庭學校中就需要順從。

在孩子未曾明白事理之前——孩子首應學習的一項教導，就是順從。在他尚未長大到明白事理前，就應教他順從。

當作嬰孩的時候，母親的工作就需開始了。她必須抑制這小孩子的脾氣和慾望，而使他的性情馴服。當孩子漸長後，也不要懈怠，仍當續予教導順從。

自我意念尚未增強前——只有極少數的父母會在孩子早期就充

分教導他們學習順從。有些父母讓孩子長大到 2-3 歲時，還放任其隨意而行，他們以為這時教導孩子學習順從，未免太早一些。但這樣做，只會使這些孩子自我意念日與俱強，直至父母難以制服，造成不少困難。

孩子在幼年時，給予簡明而清楚的指示，他們是能夠了解的；同時，親切和合適的處理，也能教導他們如何順從。……母親切不可容許孩子在某一件事上佔了她的便宜或獲得他不該得的；但為要維持這種權威，也不必用粗暴的方法；只要以一種堅定的手與仁慈的心，便能說服你所愛的孩子而達成此目的。

若讓 3 歲內的孩子於自私、暴怒、及自我意念中自行發展的話，則將很難使他服從有益的訓練了。他的癖性將變為乖戾，喜歡任性妄為，從而厭憎父母的管教。這些不良的癖性與生俱長，直到成年時，因為極端自私和缺乏自制，便令他處在為害遍地的邪惡環境之擺布了。

切不可讓孩子們對父母有不尊敬的表示。切不可讓他們有自我的意念，而不加以斥責。孩子將來的幸福是基於仁慈和愛心的照顧，但也由於堅定不移的管教。

由順從父母到順從上帝——孩子們若有常常禱告的父母，真是大有益處，因為這可使他們有機會認識上帝和如何愛上帝。由於他們對父母尊敬順從，他們便可從此學習對天父尊敬順從。

惟順從者能進天國——父母和教師們應使孩子謹記，主在今生試驗他們，看他們是否以尊敬及愛心順從祂。那些在世不順從基督的，在來生也必不會順從祂。如果父母或孩子將來能被歡迎到天家去，這是因為他們在世已學習了順從上帝命令的緣故。

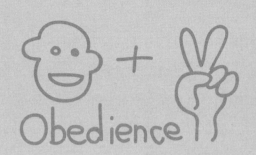

第 12 章　養成順從的習慣

溫和而恆忍的努力──必須教導孩子們知道，他們的天賦和才幹都應當為榮耀上帝而用。故此，他們必須學習順從。……當藉著溫和而恆忍的努力培養這樣的習慣。如此，便能大量避免日後遭遇到孩子的意志與父母的權威之間的衝突，而這樣的衝突，極易在年輕人的心中激起對父母及師長的隔閡與厭惡感，而且往往會反抗屬世與屬靈的一切權威。

不容爭辯與推託──父母的首要任務，乃是當於家庭中建立起良好的管理。兒女從嬰孩時期起便當受教絕對順從父母。

兒女為要遂行自己的意願，對嚴格的管教可能時時引起不滿；但他們若已學好順服父母的教導，則將來會有更好的準備來順從上帝的要求。因此，兒女在幼年所領受的訓練，能陶冶其品格及影響

其成年時的信仰經驗。

不容許有例外——身為自己家庭的教師，父母當留意各項條規必須得到順從。……若是讓兒女慣於背命，那便是父母未能夠實施適當的紀律訓練。必須命兒女服從。不容有背命的行為。那容許兒女背命的父母，必有罪孽伏在門前。……兒女必須知道自己有順從的義務。

立即完全順從——父母若不吩咐兒女立即完全順從，便是在為兒女奠立良好品格基礎的工作上失敗。他們乃是準備自己暮年飽受兒女羞辱，並在將來日行黃泉之路時，滿心憂傷。

要求也當合理——父母的要求總當合理；應表現親切合理，而非無知的溺愛，只是賢明的指導。父母當以愉快的心情教導兒女，不是出於責罵或挑剔，而是以慈愛柔和的絲繩使兒女的心聯屬於己。惟願所有的父母、教師、作兄姊的，都成為一種教育的力量，加強一切屬靈的利益，把善良的氣氛引進家庭與學校的生活中，這是有助於照主的教導和警戒來培育年幼的孩子們。

當述說順從的理由——兒女於家庭管治下要學習順從。要培養一種上帝所悅納的勻稱品格，在家庭生活中維持規律。基督化的父母也當教育兒女遵守上帝的律法。……當兒女能了解上帝律法的性質時，就當將順從和尊重上帝律法的理由諄諄教導他們，讓他們知道什麼是當作的，什麼是不當作的。

父母的訓言有如法律——你們所管教的兒女，當順從你們的心意而行。你們的訓言必須成為他們的律法。

許多基督徒父母忽略命令兒女遵守主道，後來竟對兒女的剛愎、背逆、忘恩、不聖潔等事感到驚訝，這樣父母都要受上帝的譴責。他們未照主的教導和警戒去養育兒女。他們忽略了將基督教的第一要義教導他們，那就是「敬畏耶和華是智慧的開端。」（詩篇111：10）智慧者亦曾說過：「愚蒙迷住孩子的心。」（箴言22：15）喜愛愚昧，渴慕作惡，恨惡聖潔的事物，這都是父母們在家庭佈道中所必須應付的一些難題。……

父母們應當興起依靠上帝的能力，吩咐家人眷屬遵行主道。他們要學習用剛強的手去抑制罪惡，但又不顯示出急躁與忿怒的心情。他們不應讓兒女自行猜測到底何為正路，他們乃當用毫不含糊的話語清楚地指出正路，並領導他們行在其間（參閱創世記18：19）。

漠視罪惡——當教導兒女孝順父母，因為上帝的律法已將這義務放在兒女身上。倘若容許兒女對你們的心願和家規都置諸不理，這便是你們漠視了罪惡，也就是容許了魔鬼隨意而行。

重複教導可養成順從習慣——順從與尊重權威的教導須不斷地重提。在家庭中從事於這樣的工作，必成為一股為善的力量，因孩子不但接受約束，不會去犯罪，更因而愛慕真理與公義，也使作父母的同獲大益。

個人學習單

第四篇：順從——首要的教導

署名：_____

日期：_____

一、閱讀第 66-73 頁。

二、重點複習：

1 孩童若樂意且持續順從父母的管教，這將如何影響他們呢？

2 上帝對於違逆與逾矩的行為有何看法？

3 應當以什麼樣的語氣及說法，教導孩童如何順從？

4 什麼是你在教導上不應放鬆，而必須持續給予的？

5 哪三件事是孩子成長到 3 歲之前就應當規範的？

　　A

　　B

　　C

74

6 除了尊敬順從父母之外，孩子更應當學習尊敬誰？

7 什麼樣的父母和孩童能在將來被歡迎進入天家？

8 孩童唯有透過何種管道，方能徹底學到順從的功課？

9 對於容許自己的兒女違逆的父母，必有什麼伏在他們的家門前？

10 為什麼應當將順從的理由教導兒女？

11 當你放任兒女違逆，你就是在容許魔鬼做什麼？

12 因為順從及接受約束，誰會與兒女同樣獲益？

Obedience

三、自我評分表：

在自己順服上帝的程度上自我評分：

喜樂地_____ 降服地_____ 哀怨地_____ 痛恨地_____

❶ 我在何事上最樂意順服上帝？

❷ 我在何事上最不樂意順服上帝？

四、問題與討論：

❶ 請討論何謂「欲得享真正的自由，就當完全順服上帝的律法」？

❷ 什麼事是父母絕對應該明令禁止、不該讓孩童任意而行的事？

❸ 孩童時期的教育對成人的品格有何影響？

❹（在紀律的教導上）堅定和嚴苛有何不同之處？請比較・

❺ 孩子 3 歲前的教育為什麼如此重要？

❻ 比較「要求順服」和「不隨兒女的心願」之間有何不同？

❼ 討論：兒女對父母不敬與無禮的態度有何影響。

五、個人默想：

❶ 我順服上帝是因為我真的愛祂嗎？

❷ 我順服上帝是因為出於職責或要求嗎？

❸ 我順服上帝是因為對於獎賞的渴望嗎？

❹ 我順服上帝是因為我害怕自己會迷失嗎？

❺ 我為什麼應當教導自己的兒女要順服？

❻ 我若不愛孩子，還能教導他順從嗎？

❼ 詩篇 40:8 中的描述，可以做為我個人的見證嗎？

六、分享我最近一次關於順服的成功見證。

Obedience

Child Guidance

第 13 章　克己自制

預備孩子應付未來的人生及其義務——當母親面對著那交託她照顧的小孩時，她應予以最深切的關懷而問道：「他們受教育的最大目的和意義是什麼呢？不是要預備他們應付人生並肩負人生的義務，擔當世上高貴的職分，能行善，嘉惠同胞，最後獲得義人的報償嗎？」若是如此的話，則首當教導他們克己自制；因為無紀律、剛愎的人是無望獲得今生成功與來世報償的。

當先訓練孩子順從——小小的嬰孩，在未滿一歲時，就能夠聽懂人們談論有關他們的話，曉得自己要被容讓到什麼限度。母親們哪，妳們當先訓練小孩順從妳們的意願。假若妳們指望獲得控制兒女的掌握權，及保持自己為母親的威嚴，就必須達成這目的。妳們的兒女很快就學懂妳們所要求的是什麼，也懂得自己的意志何時能

勝過妳們的意志，且知道要儘量利用這樣的勝利。容許孩子培養不正當的習慣，將規矩交在他手中，任憑他掌握，這實是一種最殘忍的行為。

不可滿足孩子自私的意願——父母們若不小心，則會在對待兒女時，讓他們獲得予取予求的權利，甚至父母苦待自己來縱容孩子們。兒女們會要求父母為他們作某些事情，以滿足其意願，父母也依從他們的要求，全不顧慮到這種作風會助長孩子自私自利的心意。父母的這種作法無疑是加害於自己的兒女，日後也必發現要消除孩子最初幾年受教所留下的影響乃是何等的困難。孩子們必須正確受教，那些出於孩子自私的願望，是不能讓他們如願以償的。

不可給予孩子所哭求的東西——母親必須一再學習的寶貴教導之一，乃是不可容讓孩子轄制她；孩子並非主人，母親的意志和心願才是最高至上的。這樣，她便是教導他們克己自制的教導了。凡他們所哭求的東西都不可給予他們，縱使妳的慈心極願如此，還是不可如此行；因為他們若第一次藉由哭鬧而獲得勝利，就會指望再來一次，而且下一次的衝突也必更加激烈。

容易發怒的情形必不可有——在母親的初步重要工作中，有一項就是要抑制孩子的脾氣，不容他們有什麼易怒的表現；不容他們因得不到他們所要的事物，便臥地撒野、哭叫不停。我見過不少父母縱容孩子，讓他們隨意發脾氣，我的心很為此事感到痛苦。一般

母親們似乎視此為必須忍受的，因而不大關心孩子的行動。然而若容許一次的惡行發生，就不免再度有同樣的行為發生，久而久之便成習慣，結果孩子的品格遭受了惡化的陶冶。

譴責仇敵撒但──我屢見小孩在其心願未達時，便臥地哭叫不停。這正是應當譴責仇敵撒但的時候。仇敵設法控制我們兒女的心思，難道我們要讓他遂其心願嗎？他們必須謹慎注意兒女的習慣。一切作惡的傾向都要加以抑制，激發其心志順從善良。還必須獎勵孩子作一切克己自制的努力。

以伯利恆的詩歌開始──母親們宜照正確的原則與習慣去教養自己懷裏的嬰孩。她們不該容許孩子以頭撞地。……當他們年幼時，母親們可從伯利恆的詩歌開始，教導他們聽歌。這些柔和的音調具有鎮靜的影響力，應當向孩子唱這些關於基督和其慈愛的柔和歌曲。

不可躊躇不決──當盡可能及早抑制孩子的壞脾氣，因為愈久不盡此責，則愈難獲得成功。心情急躁易怒的孩子們需要父母的特別照顧。當以特別仁慈而堅決的方式照管他們；父母對待他們不宜有何躊躇不決的態度。要特別留意孩子天性中的奇特缺點，多培養並加強其天性中的優點。心情易怒剛愎的孩子，若予以縱容放任，結果必致敗壞。他的缺點必與年俱長，阻攔他智育的發展，抵消他生來的高貴品格特質。

父母以身作則最為重要——有些父母毫無自制可言，他們未抑制自己不健全的食慾和易怒的心情，因此不能教導兒女怎樣控制食慾，和教導他們自制之道。

父母若希望教導兒女自制之道，就必須自己先養成自制的習慣。父母們的責罵與吹毛求疵的行為，只會助長兒女們急躁易怒的心情。

行善不可喪志——許多父母過於耽愛安逸娛樂，以致不能完成上帝所派定的家務。青年們若曾在家庭裏受過適宜的教養，那麼今日青年人中所存在的可怕邪惡情形就不會出現了。父母若能肩負上帝所派定的任務，以教導和榜樣去教導兒女有關自制、克己、和自律的美德，就必發現在竭力履行義務以期蒙上帝悅納時，自己在基督的門下也學得了珍貴的教導。

切不可失去自制——我們切不可失去自制力。我們應當隨時將那完全的楷模耶穌擺在自己眼前。失去耐心的急躁言語，或心中含怒——雖未形諸言語——但都算是罪行。我們當行事審慎，做基督的正確代表，講說一句惱怒的話，就好似用火石敲打火石，能立刻點燃起惱怒的火花來。

智慧者曾經說過：「不輕易發怒的，勝過勇士；治服己心的，強如取城。」（箴言 16：32）無論男女，當面臨不快的試探而仍能保持心情柔和，不輕易發怒，這在上帝和聖天使看來，他要比古今中來那些率領大軍獲得勝利的名將更為高貴。有位著名的帝王，當

他垂死時曾作證說：「我所獲得的一切勝利中，現在只有一種能給我慰藉的，那便是我克勝了自己狂暴的性情。」亞力山大與該撒都發現要征服全世界比征服自己還容易。他們在征服了列邦多國之後，卻都敗亡了——他們其中一人作了不節制的受害者，而另一人則成了狂傲野心的犧牲品。

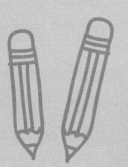

第 14 章　安靜、尊重、恭敬

制止無理吵鬧及騷亂 ——母親不應讓自己為太多的事務分心。……她應當極其殷勤且十分謹慎地照顧小孩，免得縱容他們，不然他們就會隨那由童稚無知的心志所發出的每一衝動而去行，本其飽滿充溢的精神，在家又吵又鬧，時刻不停。這種情形是應予制止的。孩子在被要求不可有一些表現時，他們仍是可以如常快樂的。應當教導他們在有客人來家裏訪問時，保持安靜及尊敬。

家中以安靜為主 ——父母親們哪，你們應當教導兒女必須順從律法。不可讓他們以為自己是小孩子，便可有權隨意在家大喊大叫。應當制定各種賢明的條例及規律，予以實行，以便優質的家庭生活不致遭受破壞。

父母若讓孩子喊叫哭鬧，對他們實有大害。若非從小制止他們

這些品格上不良的特性，他們就會積習成性，並強化它們，發展它們，終究影響信仰和日常生活。孩子受教應在家保持安靜時，他們仍是可以如常快樂的。

教導孩子尊重經驗者的判斷——應當教導孩子，尊重有經驗的人所作的判斷。他們應當受如此受教導，使自己的心思與父母、教師相聯，並受如此的訓誨，才能看明並聽從他們的勸告，乃是合情合理之舉。這樣，到將來離開那嚮導的手時，他們的品格才不至於像風中搖擺不定的蘆葦一樣。

父母的縱容促生孩子不敬的心——孩子若在家中被縱容，變成不尊敬、不順從、不感恩、及暴躁易怒，他們的罪孽便伏在父母的門前。

父母若不維持自己的權威，則兒女上學時也不會對學校的教師及校長特加敬重。他們在家從未受過這種的教導，因此沒有學到其應有的尊重與恭敬。在這事上，父母與兒女同樣有錯。

謹存敬畏的心——恭敬乃是必須慎予培育的美德。每一個孩子都應受教而向上帝表露真正的敬畏。

主要我們明白，我們必須使兒女對世界、教會、及家庭，處於正常的關係。他們對家庭的關係，乃是首當予以注意的重點。我們當教導他們彼此有禮，並對上帝有禮。也許你問道：「對上帝有禮，

這話是什麼意思？」我的意思乃是，要教導他們敬畏我們的天父，並感激基督為我們所作的偉大犧牲。……父母與兒女應同上帝維持十分密切的關係，以致眾天使能和他們交通。在那些充斥罪惡及對上帝不敬的家庭中，這些天使被他們摒諸門外的。但願我們從《聖經》中得到天庭的精神，而於我們在世的生活上實現出來。

怎樣教導敬畏的精神——作父母的，能夠而且也應當使兒女對《聖經》中所有各種不同的知識發生興趣。但他們若要使兒女對上帝的話發生興趣，他們自己就必須先發生興趣。他們必須熟悉《聖經》中的教導，正如上帝吩咐以色列人，「無論坐在家裏，行在路上，躺下，起來，都要談論。」（申命記 11：19）人若要自己的兒女敬愛上帝，他們就必須時常講說上帝在《聖經》和祂創造的作為中，所顯示的良善、威嚴、與權能。

敬畏的心藉由順從表現出來——應當向孩子說明，真正的敬畏的心是藉著順從表現出來的。上帝所命令的，沒有一個是不需要或不重要的，人若順從祂所說的話，便是表現敬畏的心，這也就是最能蒙祂喜悅的，是別無他法可比的。

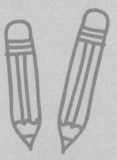

第 15 章　慎重處理家中物品

遏止破壞性的傾向──教育應當是全面性及一致性的。不應讓兒女隨自己未受教導的心意，隨意放置家中物件。應當教導他們明白，不應任意放置家中物件，致使家中常顯紊亂不堪的情形。母親們哪，妳們當從兒女最幼小時就開始教導他們，不能以為家中的一切物品都是自己的玩具，當利用這些小事來教導孩子整齊及秩序。不論孩子把家中攪得多麼糟亂，切不可讓這嬰兒及孩子時期所具有的破壞性逐漸加強及養成。上帝在十條誡命上所說的「當」與「不可」，父母也當以堅定而不發脾氣的口氣，對兒女說「不行」就是「不行」。

他們應當有堅決的態度，不讓孩子隨便處置家中的一切物品，亂丟在地板上或泥土中。凡讓兒女這樣行的人，便是對他行了大害。

他可能不是一個壞孩子，但他所受的教養卻使他成為一個很麻煩及破壞性很大的人了。

教導孩子尊重他人的物品——有些父母讓兒女變成破壞力很強的孩子，把他們無權動用的東西擅自拿來當玩具用。應當教導孩子切不可亂動別人的物品。為全家人的平安幸福起見，他們必須學習遵守禮貌和規矩。讓他們隨便處置眼前所見到的一切物品，並不會增加他們的快樂。他們若不接受待人接物之道的教導，長大之後就會有令人討厭的破壞性品格了。

堅固而耐久的玩具——不可把容易破壞的玩具給孩子玩，因為那樣行，無異是教導他去實行破壞了。寧可讓他們有少量的玩具，只要是堅固而耐用就行。這種建議，看來很是微不足道，但在孩子的教育上卻是意義深長的。

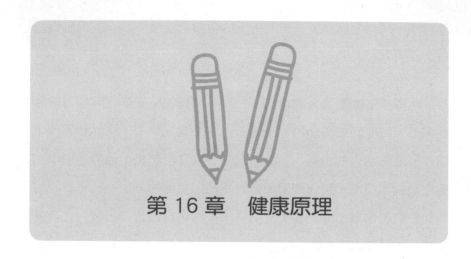

第 16 章 健康原理

從幼年時開始教導健康教育──人類的創造主已給我們的身體安排了一套活的機器。每一種功能作用，都是精奇而巧妙地製成。上帝親自擔保，只要人類遵行祂的律法並與上帝合作，便可保持這套肉身機器有健全的功用。……我們在自然界中或可觀賞上帝的作為，但人的身體卻是最奇妙的。

首要的功課──在孩子的幼年教育中，許多父母及教師們明白，應當對體格予以極大的注意，以便身體及頭腦能有均衡的健康。你家人的未來幸福與社會的福利，大大賴乎你兒女在幼年時期所受的體育與德育而定。

父母當了解及教導生理學──父母若自己獲得知識，並覺得有付諸行動以教育兒女的重要，則我們在孩子身上，必見到一番不

同的情形。孩子應受教導，明白自己的身體。現今只有為數甚少的青年，對於生命奧祕有一些知識。他們對於這部活的機器，知道的不多。大衛曾說：「我要稱謝你，因我受造，奇妙可畏。」（詩篇139：14）

應當教導兒女研究因果關係的規律，向他們指明如果干犯生命的律法，必受刑罰而生病。若你已盡了力量而見不到什麼特別的進步，千萬不可灰心；總要耐心施教。……堅持到獲得勝利的那日。應當繼續教導兒女有關他們身體及如何保持健康的方法。對於身體健康置諸不理的人，勢必對於品德也會疏忽不顧。

健康生活關係整個家庭——健康生活應是整個家庭的問題。父母們應當覺悟上帝所託付的責任。他們應當研究健康改良的原理，並教導兒女明白，克己自制之道乃是唯一的安全之道。世上大多數的人因為輕忽健康定律，因而破壞其克己自制的能力，並使自己無法獲得永恆的實現。他們對於自己的身體構造無知，以致帶領兒女也走上了自我放縱之途，並且為他們開放了一條干犯大自然律法終必受罰的門徑。

應實施體育訓練——體育訓練，使身體得到發育，這是比屬靈的訓練遠為容易得多。在平常有利的環境之下，孩子自然可得健全的精力，並使身體各器官得到適當的發育。不過，雖然如此，但孩子仍需在身體各方面注意訓練安全。

順從大自然定律可得健康與幸福——我們的孩子應受教導明白自己身體的生理機能。他們可以從幼年得到耐心的訓誨，明白自己必須遵守生命的定律，方可防免疾病與痛苦。他們應當明白，若是生病殘廢，此生就無用處。他們若干犯大自然的定律而惹病上身，那是不能蒙上帝喜悅的。

第 17 章　清潔

上帝重視清潔——主曾吩咐以色列民當洗淨衣服，並將一切污穢不潔之物從營中除去，免得祂經過時見到他們的不潔。上帝今日也從我們的家庭經過，祂也看出家中不衛生的情況及放蕩不檢的惡習。我們豈可不盡速改良這些惡習呢？

父母們哪，上帝已立你們作祂的代理人，使你們能向兒女的心思中灌輸正當的原則。你們已受託教養主的小孩子們，那位曾那麼重視以色列民長大時有清潔習慣的上帝，絕不容許今日家庭中有任何污穢不潔的情況。上帝已給你們教育兒女這些事的工作，並且在訓練兒女有清潔的習慣時，你們也是教導他們屬靈的功課。他們會看出上帝要他們內心清潔，正如外表的身體清潔一樣，你們要引領他們明白上帝要他們在人生一切行動上積極表現的純潔原理。

清潔應是人的第二天性——家中不潔淨乃是一大過失，因其有教育性的作用，並且其影響深及久遠。唉，我巴不得大家都能明白，這些微小的義務切切不可忽略！孩子將來的整個生活習慣都是兒時的生活習慣所養成的。

教導喜愛清潔及厭惡污穢——你們應當培養孩子喜愛整齊及嚴格清潔的思想。應將現今耗於飲食穿著等不必要計畫上的精力，轉為保持個人清潔及衣著整齊之用。關於這等事，請別誤會我。我不是說要把他們留在室內，像洋娃娃一樣。

保持房屋清潔——父母們若能找些事情給兒女去做，則全家人將可同時得幫助及受惠。應當讓家中的孩子覺得自己也是這家庭公司的一員。他們應當盡力保持房屋清潔，除去各種不雅觀的情形。這類的問題，應當常施教導。

無論什麼樣的污穢，都是致病的。害人的黴菌，專滋生在黑暗潮濕的牆角和霉爛穢臭的垃圾中。房屋的附近，不容有腐菜爛葉等垃圾堆積，以致黴菌叢生，而使空氣污濁。房屋之內，尤不可有霉爛穢物囤積。

個人清潔乃健康的基本要素——人要有健全的身體和健全的思想，非十分嚴密地注意清潔不可。人體的皮膚，常排出不潔物，若不時時沐浴，身體的千萬毛孔就很容易閉塞起來，以致那些應由毛孔排出的體內污物就堆積起來，成為其他排洩器官的重擔。

多半的人，假使能每天早或晚洗一次冷水或微溫水浴，必能獲益。每天的沐浴，只要是行之得當，非但不會使人受寒，反而可保護人不致感冒，因為沐浴能使血液流到皮膚面上來，運行得更暢快，所以能促進血液循環的。於是，腦筋及身體都加添了精力，肌肉更結實，思想也更靈敏了。沐浴尤能安撫神經，亦使排洩順暢，增補肝胃功能，幫助消化。

衣服的清潔，也是要緊的事。因為衣服是吸收毛孔中所排出的污料；若不勤於更換洗滌，毛孔就會把衣服上的污物又吸進去。

環境衛生對清潔有助——我常常見到孩子們的床鋪又髒又亂，時時發出臭氣，叫我忍受不了。應當對於孩子眼所見的，和日夜身體所接觸的每件東西，都予保持清潔合乎衛生。這是教導他們選擇清潔及乾淨的方式之一。孩子的臥室應當整齊清潔，縱使家中沒有貴重的傢俱也無妨。

維持適當的均衡——清潔及整齊，都是基督徒當盡的義務。但這些事有時被提倡得太過頭，反而偏重在某一件事，而把另一件更重要的事疏忽了。那些忽略孩子在這些方面該有的福利的眾人，就如同猶太人只知將薄荷、茴香、芹菜，或十分之一獻上，反而把律法上更重要的事——公義、憐憫、和愛上帝的心忽略了。

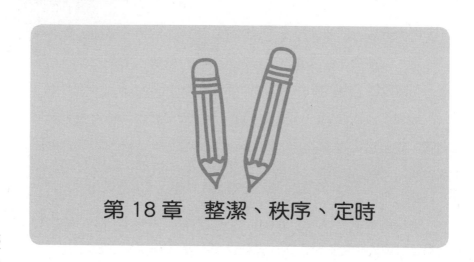

第 18 章　整潔、秩序、定時

培養整齊與審美的喜好——你們身為兒女的監護人與教師，就有義務要精密而整齊地處理家中的每一小事。應當教導兒女保持衣服整潔乃是極寶貴的功課。你們自己的衣服也當保持清潔、優美、及受人看重。……

父母們哪，應當謹記在心，你們是為兒女的得救而工作。如果你們的習慣正確；如果你們表現整潔有序，有美好的德行與公義，在身、心、靈等方面成聖，你們便是回應救主所說的話，「你們是世上的光」了（馬太福音 5：14）。

訓練整潔的習慣——我們自稱信奉真理的人，必須向世人表現真理與公義的原則，並不使人粗魯、暴躁、不整潔、與無秩序。……

愛上帝的心，必從在家中愛兒女上表明出來。真誠的愛，不會讓兒女流於荒疏糟亂之途，因為使兒女流於懶散一點也不費事，應當由父母在他們面前有以身作則的榜樣。

教導孩子自理衣服——應當從幼年就開始教導孩子自理自己的衣物。讓他們有一個地方放置自己的東西，教導他們把每件衣服摺得整整齊齊，放在一定的位置上。倘若連廉價的衣櫃也購置不起，則可使用一個箱子，加以隔間，再鋪上光鮮的花布就很好看了。這種教導整齊清潔的工作，每天要花一些時間，但對兒女的教導來說，是很值得的，而且最終也會省掉你們許多的時間和掛慮。

保持自己的房間清潔——如果讓孩子知道有一間屬於他們自用的房間，並教導他們維持這房間的整潔與悅目可愛，他們就會有一種身為「房主」的感覺，曉得在這家中還有一個屬於自己的地方，並以保持其整潔雅觀為滿足。母親可對他們的工作做必要的檢查，並給予建議及指導。這就是母親的工作。

睡眠有定時——現今社會有以晝為夜或以夜為晝的風氣盛行。許多青年人在早上的時候，本該與清晨歌鳴的小鳥同起，及與醒起的自然界一起活動的，但竟然是酣睡如死。

有些青年十分反對秩序及紀律。他們不尊重家規，不肯按時起床。他們在陽光普照下人人應該作工活動的時候，卻仍然賴床不起。他們點起「半夜燈火」，仗著人造的光線來代替自然界一年四季所

供應的日光。他們這麼做，不但浪費掉寶貴的機會，也加增了額外的費用。他們幾乎每一次都有這樣的藉口：「我趕不完工作；我有一些工作一定要現在做；我不能早睡。」……他們破壞了規律的習慣，把早晨的光陰虛耗掉，整天的生活也脫離了常軌。

我們的上帝是一位愛規律的上帝，祂甚願其子民都樂意維持秩序及服從祂的紀律。因此，除去這以夜為晝及將清晨變作黑夜的惡習，豈不更好？青年人若能養成有定時有秩序的習慣，就必在健康、精神、記憶、及性情等方面有所進步。

所有的人都有義務，要在生活習慣上遵守嚴格的規律。親愛的青年們哪，這對你們的身體與道德都會有益的。當你們早晨起床時，就該儘量計畫當天必須完成的事情。若有必要的話，不妨用一小本備忘冊，寫下各項待作的事，並給自己定下作工的時間表。

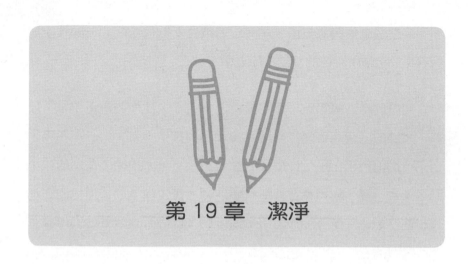

第 19 章　潔淨

教導純淨的原則——基督徒母親哪，請聽我這個作母親的勸告，體認那加諸妳們身上的責任吧！

為保守兒女免受污染的影響，父母們應當教導他們清潔的原則。凡在家中養成順從及克己自制美德的孩子們，到了上學讀書時，將無多大的困難，且可避免許多困擾他們的試探。受過這種訓練的孩子，在離家升學時，是不會引起紊亂或焦慮的。他們將會支持教師們，並作同學們的榜樣與鼓勵。

時刻警醒——父母及監護人若希望其兒女潔淨，就當自己維持心地及人生的潔淨。青年人的頭腦，每天都會想出一些新的思潮，他們的心地也有新的印象。他們所交遊的友伴，所閱讀的書報，所養成的習慣——凡此一切都當予以防護。

嚴密注意他們的交遊——父母若欲兒女有清潔的心，就該使他們置身於上帝所喜悅的清潔友伴之中。

父母們應當何等地小心防護自己的兒女，使他們避免粗率、放蕩、敗德的惡習啊！你們會讓兒女和別的孩子交遊，自己不在場，也不曉得他們正在接受什麼樣的教育嗎？不可讓他們去和別的孩子們單獨在一起。你們應當特別看顧他們。每天晚上要知道他們在那裏和幹什麼？其他孩子的生活習慣好嗎？你們有否教導他們道德清潔的原則？

鄰居的人可能讓他們的孩子來到你們的家，跟你們的兒女玩一個傍晚及過夜。這裏是你們的一場試驗及需要你們下判斷的地方。你們要把他們打發回家而冒上得罪鄰居的風險，抑或是答應他們，讓他們跟你們的兒女同床，以致學到了一些為害終身的知識。為保護兒女不染惡習起見，我從來不讓他們同睡一床，或與別的孩子同處一室。有時出門旅行，迫於情勢，我寧可讓他們打地鋪睡地板，總不讓他們和別的孩子同睡一床。我曾盡力防止他們跟粗暴無禮的男孩子們交遊，並導引他們在自己的家中所行的一切能有愉快歡樂，使他們腦心手時常忙碌，以致沒有時間或興趣去街上，跟別的孩子玩及接受街頭教育。

建立堅固堡壘抗拒色情——兒女乃是上帝的產業，是按祂的形像受造的。凡受託保管孩子身心的人們，應當建立堅固堡壘，抗拒

那目前正在毀滅千萬人身體與道德健康的現代色情狂潮。今日許多的罪案暴行，若追究其真正的禍根，可歸咎於許多父母對此問題無知及漠不關心。許多人的健康與生命，正因這可悲的無知慘遭犧牲。

個人學習單

第五篇：其他基本教導

署名：_____

日期：_____

一、閱讀第 78-99 頁。

二、重點複習：

1 在哪些方面母親應當訓練孩子要順服？

2 對孩童而言，什麼事情是「最殘忍的行為」？

3 當孩子以哭鬧方式要求東西，我們應當滿足其心願嗎？

4 我們應當多常允許孩子發脾氣？

5 應當在哪一方面多鼓勵孩子？

6 暴躁易怒的脾氣將如何毀掉孩子的成長？

7 責罵與吹毛求疵的行為會如何影響孩子？

8 在家中應當教導孩子哪兩種態度？

9 孩子可以對父母說多少不敬的言語？

10 什麼樣的恩典應當要小心珍惜？

11 應當怎樣教導孩子對待家中的物品？

12 我們若與上帝合作，遵行祂的律法，祂就必應許什麼？

13 為了確保你家人未來的幸福，哪兩部份的教育是在你兒女幼年的時期就必須確立的？

14 上帝何時會見到我們個人家中不衛生的情況，以及不檢的惡習？

15 孩子應當時時留在室內，穿得像洋娃娃一樣嗎？

16 什麼是維持一個家庭的健康、快樂、以及活力所不可缺少的？

17 哪兩項特質，是應當培養孩子去擁有的？

⓲ 為什麼孩子應當有一個歸他們自用的房間？

⓳ 若能培養出凡事有定時、有秩序的習慣，孩子必定會在哪四個方面得到進步？

Ⓐ

Ⓑ

Ⓒ

Ⓓ

⓴ 為了維持整潔，應當從哪三方面著手？

Ⓐ

Ⓑ

Ⓒ

㉑ 我們應當建立堅固的堡壘來抵抗什麼？

三、自我評分表

在自制力方面，我給自己的評分是：

良好_____容易分心_____普通_____容易緊張_____

❶ 當我……時，我有良好的自制力。

❷ 當我……時，我覺得維持良好的自制力很難。

四、問題與討論：

❶ 是否應該允許孩子弄亂家中物品呢？

❷ 孩子發脾氣、或無理取鬧時，我們應當何如何處理？

3 為什麼在家庭教育方面，父母必須持守溫和但堅定的管教態度？

4 討論性格悖逆蠻橫的孩子──性格養成的原因與解決之道。

5 我們應當如何處理孩子的破壞傾向？

6 討論居家環境對於孩童品格塑造的影響。

7 我們有時是否太偏重於強調清潔和整齊？

8 討論何為「正確習慣」。

9 孩子正確的睡眠習慣為何？應當允許他們與其他孩子一起睡覺嗎？

10 舉凡電視、電影、小說、漫畫、雜誌等，與要求孩子心思意念保持純潔有何關係？

11 看顧教育我們的孩子，是一件非謹慎小心不可的事嗎？為什麼？

五、個人默想：

1 我的孩子聆聽的是什麼樣的音樂？

2 我和孩子一同學習到的功課是什麼？

3 「急躁沒耐心的言語，或心中含怒──雖未形諸言語──都是罪行。」為什麼？

4 若我的孩子性格叛逆、暴躁易怒，這便是讓罪孽潛伏於何處？

5 「家中的孩童無論男女，都應當明白自己也是這家庭公司的一員。」

6 我的家是否整潔乾淨？

7 我是否每天都洗澡？

8 我是否過度在意整潔，到了家人在家中都無法感覺放鬆的地步？

9 我的家中物品擺放是否整齊、井井有條？

10 我的心思意念是否潔淨？

11 我是否允許孩子到朋友家中過夜？

六、 說出今日我對上帝表達崇敬的方式之一。

人生實際美德

Child Guidance

第 20 章　幫忙

教導孩子幫忙家務——在家庭學校中，應當教導孩子如何執行日常生活的實際義務。當他們還年幼時，母親就應當每天分派一些簡單的事情給他們去做。在教導他們時，會比她自己去做還更費功夫，但要記得，她這樣行，正是為兒女的品格建立樂於助人的基礎。她也當記著，家庭乃是一間學校，自己是首席教師。這是她的本分要教導兒女以後如何執行家務又快又巧。應當愈早愈好訓練他們分擔家庭的責任。孩子應當從幼年就開始接受訓練，分擔逐漸加重的工作，聰明地幫助家庭公司的工作。

原諒孩子的錯誤——成千上萬的孩子在自己的家中，幾乎是逸居無教。母親也許會說：「太麻煩了！我情願自己動手，他們只會愈幫愈忙，煩死我了！」

難道母親忘記自己當初不也是這樣一點一滴地學習，然後才會幫忙家務嗎？妳若不是一點一點地教導孩子，妳便是對不起他們。應當將孩子留在妳身邊。讓他們發問題，並耐心地回答他們。給小孩子們一些事情做，使他們心中能夠得到幫忙別人的快樂。

當孩子盡力想要協助妳，切不可予以拒絕。若是他們做錯了，或是發生意外把東西弄壞了，不可責難他們。他們的一生前途，有賴乎妳在他們幼年時所施的教育。教導他們明白，他們的身體五官及心思頭腦都是生來有用的，都是屬於主，當為主服務。有些孩子，主也早年向他們啟示祂的旨意。父母及教師們哪，你們當趁早開始教導孩子，培養上帝所賦予他們的才幹。

家中的每個人應當明白，自己要與別人合作，不負所望。一切自六歲以上的孩子都當明白自己有義務分擔生活的擔子。

經驗與快樂的來源——「當孝敬父母，使你的日子在耶和華——你上帝所賜你的地上得以長久。」（出埃及記 20：12）等到孩子逐年長大，便會更加感激父母的撫養與照顧，並發現幫忙父母乃是最大的快樂。

最卑微的工作中有奇光異彩——如果教導孩子明白，日常生活卑微的義務乃是上帝分派給他們的本分，也是訓練能力並獲得工作果效的機會，他們就會在工作上表現得多麼快樂與自豪啊！在執行每一義務時，好像是為主作的，這就使最卑微的工作也會蒙上奇光

異彩，並使在地上的工作與在天上奉上帝旨意去做的眾聖者有了聯繫。這樣，我們在奉派的所在地上忠心盡職，猶如眾天使在更高的範圍中克盡其職一樣。

第21章 勤 勞

　　青年人的保障——青年人的最穩當保障之一，便是擁有有用的職業。孩子若有受過訓練，有勤勞的習慣，將全部光陰從事愉快而有用的工作，便無暇怨天尤人，無暇胡思亂想，也不會有養成惡習及濫交的危險了。

　　按年齡及能力分配工作——從嬰兒時期起，孩子就當受訓練，參加那些合乎他們年齡及能力的工作。現今父母應當鼓勵兒女更加獨立並自食其力。

　　懶惰的後果——父母輕忽上帝所賦的責任，讓兒女無所事事，真是罪莫大焉，因為這些孩子不久就學會游手好閒，長大了一事無成，變成無用的人。他們在長大自謀生活而被人僱用時，工作態度懶惰、閒蕩，以為只要虛耗光陰，也可照樣得到工資，像忠實苦幹

一樣。這種工人與那些明白自己必須成為忠心管家的人，兩者是天壤之別。青年人無論參加何種工作，都當「殷勤，不可懶惰，要心裏火熱，常常服事主，」（參閱羅馬書 12：11）因為「人在最小事上忠心，在大事上也必忠心。」（路加福音 16：10）

孩子若受過適當的家庭訓練，就不會在街上遊蕩，接受危險的教導，像許多人所受的。父母若愛兒女有道，就必不讓他們長大有閒懶的習慣，對於家務一竅不通。

善用光陰——在充斥閒懶之處，撒但便用各種試探來敗壞人的生命及品格。如果青年人不受訓練從事有用的勞動，不論貧富，都是同處險境，因為撒但將隨己意慫恿他們。那些沒有真理原則護身的青年人，就不會重視光陰為無價之寶，是上帝的聖能，而且是人人應當負責交帳的。

應當教導孩子對其光陰能作最佳的運用，幫忙父母，直到能自食其力。不應讓他們自命不凡，對於任何必要的勞動不屑為之。

克服一切怠惰惡習——怠惰乃是一大禍害。上帝賜給人身體有神經、器官、與筋骨，這些不應因為缺少活動而退化，乃當加以運用強化及保持健康。無所事事乃是一大不幸，因為閒懶從來就是，而且永遠也是人類的一大禍害。

為何工作重於遊戲——我的母親教導我做事。我常向母親問道：

「為什麼我老是要作這麼多的事，然後才能玩耍呢？」她的回答是：「這是要教導及訓練妳的心思以後可以從事有用的工作，此外還可防止妳變成頑皮的孩子；到了妳年紀較大，妳就會感激我這麼做了。」當我的小孫女問我說：「為什麼我必須學家政這類的事呢？這是阿婆們的工作啊！」我的回答是：「請告訴我，阿婆們怎麼學會家政的工作呢？」她說：「啊！她們是在當小姑娘的時候就開始學的。」

日常生活表的價值——最好盡可能先研究好一天當作的工作。要先記下你一日所要作的各種工作，然後分配固定的時間去從事每一任務。凡事都當作得徹底、整齊、俐落。若是輪到你要打掃房間，就當注意室內通風，並常將床單被褥拿去曬太陽。要用點時間專心工作，不可停下工作，跑去做其他事，應當對自己說：「不行！我只有這麼多的時間要完成工作，我必須在指定時間內完成。」

但願那些生來手腳很慢的人，盡力學習活潑、勤快、充滿幹勁，記住使徒的話說：「殷勤，不可懶惰；要心裏火熱；常常服事主。」（羅馬書 12：11）

若是輪到你要協助煮飯，就當仔細計算清楚，讓自己有充足的時間煮飯，並將飯菜整整齊齊地擺在飯桌上，準時開飯。寧可比預定開飯的時間提前五分鐘，總比晚五分鐘好得多了。可是，如果你受到手腳動作很慢的限制：如果你有懶惰的習慣，總把在短時間可

完成的事拖拉很久；這些慢吞吞的人，便有義務要改良，更敏捷行事。只要他們願意，他們是可以克服其令人厭煩的拖延習慣的。在洗碗盤時，他們可以小心，同時也可以做得快速。若是立志這麼做，手的動作也就會加快了。

體力與智力並用——有些孩子曾在我家寄宿，他們對我說：「我的媽媽不要我洗自己的衣服。」我便對他們說：「好吧！我們來替你洗，但你的膳食費和住宿費要多加錢，行嗎？」「啊，不行的！我的媽媽不會為我再多花什麼錢的。」「好吧，既然是這樣，」我回答說：「那你早上就早一點起床，自己來洗吧！上帝並沒有要我們來侍候你。與其要媽媽早上起床為你預備早餐，而你卻高臥床中，還不如你自己自願說：『媽媽，妳不必那麼早起床，讓我們來負責這些家務。』你應當讓那些頭髮漸白的人們在早上多休息一會兒。」

現今的情形為何不是這樣呢？毛病到底是出在那裏呢？原來這是父母們讓兒女長大卻沒有讓他們擔負家事的責任之故。到了這些孩子離家入學時，他們說：「媽媽說她不要我作家事。」這樣的母親真是愚蠢。她們慣壞了兒女，後來又送他們到學校去，把學校也搞壞了。……作家事乃是他們所能得的最好訓練。他們的工作不會比母親的工作更苦。應當將體力與智力並用，然後腦力才會有所鍛鍊，並有進步。

多方設法——父母應當多方設法，使兒女忙於有益之事。應當

讓他們盡其所能來幫忙你，並向他們表示感激他們的幫忙。應當讓他們覺得自己是家庭公司的一員。教導他們儘量運用自己的心思，以便能計畫自己的工作，做得又快又徹底。教導他們作自己的工又快又有勁，善用光陰，不會在工作上費時誤事。

勞工神聖──我們應當教導孩子們在手嫩力弱時就開始幫忙做家事。應當給他們的頭腦灌輸勞工神聖的事實，這乃上天欽定的人類本分。在伊甸園中的亞當曾受囑咐，這是身心健康發育的必要元素。我們應當教導他們明白，在勤勞操作之後再享樂，必可加倍得到滿足。

第 22 章　殷勤與恆心毅力

工作完成後的滿足感——孩子們往往很熱情地開始從事一項工作，但後來卻感煩亂與疲倦，便想改變一下，體驗新的活動。這樣，他們可能嘗試好幾件事，略遇困難，便灰心放下，反覆無常，一事無成。父母們不應讓兒女被見異思遷的心情所制，也不應參加太多的事項，以致無暇耐心訓練那正在發展的心思。說幾句鼓勵的話，或是及時給予一些小幫助，都可使孩子克服困難與沮喪；而且當孩子見到自己嘗試的工作成功了，便會心滿意足，並從中得到鼓勵，去作更大的努力。

許多孩子，因為在工作時沒有得到鼓勵的話和少許的幫助，便感灰心而時常改變目標。他們也會將這種不幸的弱點帶進成年的生活中。他們因為未受教導，在困難灰心時應有恆心毅力，以致他們

屢試屢敗，一事無成。許多人因為在幼年未有適當的訓練，一生便這樣失敗了。人在童年期間所得的教育，會影響成年後的所有事情，而其信仰經驗也要留下同樣的印記。

怠惰的惡習將延續至成年——那嬌生慣養的兒女，常是袖手坐待一切，若是所望無成，他們就灰心喪志。這種性情也會在他們一生的生活上表現出來；長大後他們必成無用之人，倚賴他人相助，只望別人贊成他們，依順他們。若是他們遭到反對，便以為自己是受人虐待，甚至在他們成家立業之後，仍是如此；這樣，他們的一生便百般愁惱，不能自持自食，時常怨天尤人，嫉俗憤世，因為事事都不順他們的心意。

養成作事徹底與迅速的習慣——孩子們要向母親學習整潔，作事徹底，和迅速的習慣。若讓孩子花費一兩小時的功夫，去作本來只需半小時就能輕易作完的事，那就是讓他養成作事慢吞吞的習慣了。勤勞而徹底的習慣，對於那年齡漸長要開始升入較大的人生學校的孩子，乃是無比福惠。

給女孩的特別勸告——使我十分不安與煩惱的另一遺憾，便是有些女孩有說話滔滔不絕的習慣，浪費寶貴的光陰於無聊的閒話上。女孩們若費時談話，就必耽誤工作。這等事曾被人視為不值介意的微末小事，其實小事對於大局卻有重大的關係。

「小事」的重要性——千萬不可低估小事的重要性。人生的實

際訓練，便是由一切的小事而來。藉著一切小事，生命便受訓煉，長成基督的樣式，或是有了邪惡的形像。但願上帝幫助我們，在思想、言語、外表、及行為上，都培養有良好的習慣，能向四周的人證明自已是跟過耶穌及向祂學習的。

失敗是成功之母──應當教導孩子明白，每一錯誤及每一困難的克服，都可成為進步的階梯，可臻更佳更高之境。凡使人生有價值的人，都是經歷過這樣的經驗，獲得了成功。

第 23 章　克己、無私、關心別人

家家需要的教導——在各人的家中，應該實施克己的教導。做父母的要教導兒女學習節儉。勉勵他們把零錢省下來，捐助佈道的工作。基督是我們的模範。祂為我們成了貧窮，叫我們因祂的貧窮可以成為富足。祂教導大家應在愛中團結，相聯合一，像祂那樣作工，像祂那樣犧牲，作上帝的兒女，彼此相愛。

要學習克己犧牲的功課，並教導你的兒女也如此行。凡你能藉克己犧牲所節省的金錢，都是現在急待完成之工作所需要的。受苦受難的人必須得到幫助，赤身露體的人必須得衣服，飢餓無食的人必須得到飽足；現代的真理必須傳給不明白的人。

犧牲當成習慣——教會在推進真理及建立機關的事工上，都是以犧牲為開始。這是教育的主要部分。如果我們想在諸天永恆之國

中，有非人手所立的建築，就當在今生一切的品格建設上，養成克己犧牲的美德。

設置克己捐獻小箱──應當教導孩子們克己自制。某次，我在納實維爾城演講時，主賜給我有關此事的亮光。它使我十分清楚地看出，每個家庭應設置一個克己捐獻箱，並教導孩子們將購買糖果或其他不必要物品的小錢，捐投入箱內。……

你們將見到孩子們把小錢捐投入箱之後，他們必得很大的福氣。……家庭中的每一成員，從最年長到最幼小的，都當實行克己。

孩子不宜成為注意中心──不應當鼓勵 2-4 歲的孩子，以為自己可以予取予求，有求必應。父母應當教導他們克己自制的教導，切不可讓他們以自己為中心，視一切都是圍繞著他們而行。

許多孩子從父母遺傳到自私的品性，但父母應當把他們天性中的這些不良品質根除。基督曾多次責備那些貪婪自私的人。父母應當查看，不論孩子是在自己面前，或是在與別的孩子交遊時，初次有了自私品格的表現，就應當面立刻予以制止，根除兒女品格的此種劣點。

有些父母在孩子身上費了不少的光陰和精力，要使他們快樂，然而他們也應該教導孩子自己尋求快樂，運用他們自己所有的心智和才力。這樣，雖是極平常的遊戲，也能使他們得到滿足的快樂。

遇有什麼小失望小困難，當教他們以勇敢面對的精神去擔當。不要因他們受一點痛苦或傷害，就大驚小怪；要教他們以安泰冷靜的態度，容忍細微的煩惱和不方便，把思想轉移到別事上去。

忘我的美德——有一種特性是每一孩子應特別具有與培養的，那就是忘我的精神；這種特性能使人生不知不覺地產生一種美德來。在一切的美德中，這要算是最美善的了，而且在真正的終身事業上，這也是一種最重要的資格。

當用心研究如何教導孩子關心別人。應當教導他們遏制急躁的脾氣，制止激動的話語，並表現始終不渝的親切、禮貌、及自治。

第 24 章 經濟與節儉

消除奢侈的習慣——應當教導兒女明白，對於他們所擁有的一切，上帝都有合法的權利；他們的一切，只是託管性質，用以證明他們是否忠順。金錢是必需的財寶；最好不要浪費於不需要的人身上。你們甘心施捨的禮物，對於有些人是很需要的。……你們若有奢侈的習慣，就當儘速從生活中除掉。若不如此，你們將會遇到永恆的破產。儉約、勤勞、和飲食節制等美德，縱使是對今生而言，也是你們和兒女的較好產業，這比富足的嫁妝好多了。

教導孩子儉約——主今給我亮光，要我們小心，不可愚蠢地浪費寶貴的光陰和金錢。許多物品可能是我們所喜愛的，但我們要謹防花費金錢於不足為食物的東西。我們需要大量的金錢，才能在各大城市堅決地推進聖工。每個人都在主的聖工上有分。父母們應當

教導孩子節儉，使羊群中的小羊可分擔維持上帝現代聖工的責任。

奢侈並不表示對孩子的愛──應當在家中實行節儉。現今許多人懷存偶像，誠心敬拜。應當除去你們的偶像。應當放棄你們自私的歡樂。我奉勸你們不可耗費金錢去裝飾住宅；因為這是上帝的金錢，必有一天要向你們索還。父母們哪，我奉基督的名勸你們不可耗費金錢去滿足兒女的慾望。不可教導他們追隨時尚與浮華，以獲屬世的影響力。……

不可教導兒女以為縱容他們的驕傲、奢侈、及炫耀，才能表達你們對他們的愛。現今不是發明怎樣花錢的時候。你們的發明能力，應當用來研究如何節儉才是。

基督教人節儉──我們可以在主給五千人吃飽的事上得一教導。當我們處於難境而非屬行節約不可時，此項教導尤為適用。在行了神蹟使飢餓的群眾滿足之後，基督很小心，不讓剩餘的食物被蹧蹋。

祂對門徒說：「把剩下的零碎收拾起來，免得有蹧蹋的。」（約翰福音6：12）雖然祂有天庭的全部資源歸祂支配，但祂也不讓一片剩下的零碎被蹧蹋掉。

有用之物不宜拋棄──凡是可用之物都不宜拋棄。此舉需要智慧、遠慮、及時刻留心，方可辦到。我蒙指示得知，許多家庭缺乏

生活必需品，乃因他們在許多小事上不能節儉所致。

他們從未學習儉約——現今為主當作的工很多，許多本可在上帝聖工中負擔高階職務的人，因為從未學過儉約之道，以致失敗了。當他們開始參加聖工時，沒有量入為出，浪費成習，終至於敗壞了自己在聖工上的貢獻。

怎樣教導善用金錢——每個孩子應當受教，不但曉得怎樣解決一般假定的難題，也當知道怎樣準確地登記自己的收入與開支。他應當學習怎樣花錢，才知道怎樣善用金錢。不論是由父母供應或自己賺來的金錢，男女都當學會選購自己的衣服、書報、或其他日用品；並藉著記帳而了解金錢的價值與用途，這種本事是別無他法可以學到的。

記帳的價值——孩子在很年幼的時候，就當受教讀寫、算術、記自己的帳。他們可求進步，逐步增加這種知識。

應當教導孩子學習記帳。這也可以幫助他們學習精準。女孩子若是愛慕虛榮、自私自利、專顧本身，到了成年之後，也是如此。我們應當記得，還有其他的青年人也是我們應當負責的。如果我們訓練青年有良好的習慣，我們便能藉著他們而影響別人。

個人學習單

第六篇：人生實際美德

署名：

日期：

一、閱讀第 106-122 頁。

二、重點複習：

1 孩童應當自多小開始執行日常生活的實際義務？

2 什麼時候應當教導孩子去培養上帝所賦予他們的才幹？

3 如果不教導孩子培養勤奮的習慣，撒但會如何控制他們的心思？

4 從什麼年齡開始，孩子便應當明白自己有義務分擔生活中的家務？

5 對於孩子，父母所犯最大的罪其中之一是什麼？

6 對人類的家庭而言，什麼是最大的禍害？

7 對於做事比較慢的人而言，他們仍然可以克服什麼樣的習慣？

8 什麼是孩子所能得的最好訓練？

9 什麼習慣的養成對於成長後的青年會是無上的福惠？

10 人生的實際訓練是由什麼而構成？

11 我們應學習什麼樣的功課，並要教導兒女也如此行？

12 應當讓孩子從幾歲起就開始學習克己自制的功課？

13 當孩子遇到困難及失望時，應當教導他們如何面對？

14 哪三種習慣對於父母及孩子而言，比一份豐厚的嫁妝更好？

   Ⓐ

   Ⓑ

   Ⓒ

⓯ 什麼是永不可被丟棄的？

⓰ 應當如何教導孩子適當的使用金錢？

三、自我評分表：

作為一名工人，我的工作態度是：

勤奮的＿＿＿＿安分守己的＿＿＿＿ 得過且過的＿＿＿＿懶惰的＿＿＿＿

❶ 做為一名工人，我做的最稱職的事情是：

❷ 我需要改進或加強的地方是：

四、問題與討論：

❶ 為什麼應當教導孩子從年幼時便開始學習做家事？

❷ 舉例說明：如何讓孩子成為經營「家庭公司」的一員？

❸ 對孩子及我們而言，如何讓家事成為一種樂趣？

❹ 討論在訓練孩子工作方面上那種「說不出的價值」。

❺ 我們該如何以工作習慣的原則來「裝備」我們的兒女？

❻ 工作對人的神經、身體器官、及肌肉有何影響？

❼ 我們應當如何有效率的規劃家中一天的工作內容？

❽ 做事情動作慢吞吞、拖拖拉拉、無精打采的態度有何不對呢？

❾ 討論為何工作也是一種訓練，兩者之間有何關係？

❿ 為什麼做工有其高尚之處？工作與品格塑造有何關係？

⓫ 我們有可能在家中讓孩子過度工作嗎？工作會讓孩子覺得沮喪嗎？

⓬ 為何應當訓練孩子在工作時，處理得迅速又徹底？

⓭ 「我不希望我的孩子過得像我當年那樣辛苦，去做我當年不得不做的苦差事。」請問這句話有什麼不對？

14 我們應當如何教導孩子讓他們明白，他們並不是家庭生活的中心？

15 討論：如何教導孩子擁有克己無私的態度。

16 我們對孩子的放縱象徵的是我們對他們的愛嗎？

17 我們應當如何教導孩子節省的功課？以身作則？以吝嗇小氣的方式？

18 應當教導孩子培養個人記帳的習慣嗎？

19 為什麼孩子在做事時若不小心打壞了東西，不要立時責怪他們？應該讓他們賠償打壞的東西嗎？

五、個人默想：

1 我的孩子是否喜歡幫忙我做事？

2 如果以上答案是否定的，請問是為什麼？

3 我是否每天都有安排孩子做些工作？

4 我會以大人的工作完成度來要求孩子嗎？

5 若不讓孩子做任何事，我是否因此而犯了罪？

6 我是否在生活中遵守第四條誡命所描述的？

7 我會因為有錢可以買更多新東西，就浪費家中物品？

8 對於使用的金錢，我（及我的孩子們）是否有記帳的習慣？

六、說出本單元中你所學習到一項功課，可以讓你成為更好的（丈夫、妻子、兒子、或女兒）

Child Guidance

第 25 章　簡樸

　　教導保有自然的純樸──當教育孩子保有其赤子之真。當訓練他們樂意作幫助人的小事，並從事與他們年齡相符的遊戲及任務。孩子時期正如比喻中所說的苗，苗有其本身特具的美質。不應強令孩子早熟，須盡可能使其保持幼時的朝氣與美德。孩子的生活愈安靜愈純樸──愈少摻入人為的興奮，愈多與大自然協調──就於體力、智力、及靈力方面更有助益。

　　天真的孩子最討人喜愛──天真無邪的孩子，最討人的喜愛。對於孩子特加注意，乃是不智之舉。……不可讚美他們的容貌、言語、及行動，以免助長其虛榮之念，也不應以昂貴的服裝把他們打扮得花枝招展，大出鋒頭。這會促進他們的驕傲，而招致同伴的忌妒心。應當教導孩子真實的美不在乎外表。「你們不要以外面的辮

頭髮、戴金飾、穿美衣為妝飾，只要以裏面存著長久溫柔安靜的心為妝飾；這在上帝面前是極寶貴的。」（彼得前書3：3－4）

真實之美的祕訣——應當教導女孩子們明白，女人的真實之美不單在乎身材或容貌之美，或她們所得的種種成就，而是在乎溫柔安靜的心、忍耐、慷慨、親切、甘心服務、及照顧人的含辛茹苦。應當教導她們學習操勞，從事一些有意義的研究，為一些目標而生活，信靠上帝而敬畏祂，及孝敬父母。如此，她們的品格將與年俱長，增加心清品潔、自立自賴，及蒙人神的喜愛。像這樣的女人，不可能墮落。她會逃避今日已使多人敗壞的諸般試探與試煉。

虛榮的種子——在許多的家庭裏，幾乎當孩子還在嬰兒時期，虛榮與自私的種子便種在他們的心裏了。他們伶俐有趣的小小言語和動作被人當面稱讚，小孩子們注意到這些事情，便自負自大，神氣得很；他們膽敢插口別人的談話，成為大膽無禮的孩子。諂媚與溺愛也引起他們虛榮與剛愎之念，終至成為這年紀最年幼的小霸王，甚至往往轄制了全家上下的人，連父母也在內。

受了這種訓練所養成的癖性，即使孩子長大，有了更成熟的判斷時，也是擺脫不開舊有的癖性。它與年俱長，在嬰兒時期顯為伶俐有趣的表現，但到了成年時，則成可鄙與邪惡。他們盡力要管制自己的同事，若被拒絕不遂所願，便感到苦悶與侮蔑。這是因為他們在幼年時受了縱容溺愛之害，沒有受教以必要的克己自制，才能

忍受人生的艱苦與辛勞。

不可助長孩子愛獲他人誇獎的念頭——孩子需要人的賞識、同情、和鼓勵，但也必須小心，不可使他們養成一種喜愛他人誇獎的心。最好不要特別地注意他們，或在他們面前重述他們所說的一些聰敏伶俐的話。

鼓勵衣食簡樸——父母們要負一種神聖的義務，教導兒女幫助肩負家庭的重擔，要滿足於簡單的飲食及整齊樸素的衣服。

但願父母親們明白自己的責任及在上帝面前交帳的義務！而社會也將有何等的改革啊！不可用誇獎及寵愛來縱壞孩子，或在服飾方面放任而增其虛榮之念頭。

第 26 章　允恭克讓

禮貌始於家庭——父母們哪，應當教導兒女……在家要有真實禮貌的行為。教育他們以親切與溫柔彼此相待。不可存自私之心，因為家中是無自私存留之餘地的。

家中當有天國原理——當以天國的各項原理管理家庭。如果大家都是皇室貴冑，就必在家有真實的禮貌。家中的每一成員，都要盡力使別人快樂。

以教導及榜樣施教——孩子也像大人一樣，都要受試探；家中的大人應當以教導及榜樣施教，授以禮貌、愉快、愛情、及忠心執行日常家務各種美德。

尊敬長者——上帝曾特別吩咐人要敬愛年老的人。祂說：「白

髮是榮耀的冠冕；在公義的道上必能得著。」（箴言 16：31）當幫助孩子思想這事，他們就必以尊敬和禮貌來使老年人腳前的路得以平坦，並因聽從那「在白髮的人面前，你要站起來，也要尊敬老人」的吩咐（利未記 19：32），得使自己的幼年生活溫雅優美。

教導謹慎及端莊——驕傲、自負、與大膽，乃是現代孩子們的特性；這些歪風都已成了今日時代的禍害。……無論在家庭或在教會中，都當以廉恥端莊及謙卑恭敬的最神聖教導來教導孩子們。

第 27 章　愉快與感恩

　　家中充滿愉快的氣氛──最要緊的，父母當在孩子周圍塑造出一種歡樂有禮貌和仁愛的氣氛。一個有愛存在，並且會充滿在言語行為和一切形式上表現出來的家庭裡，即是天使歡喜顯示其聖容的所在。

　　時常以微笑迎人──在耶穌的信仰中，沒有陰鬱愁悶的成分。雖然使徒所說的不合宜之事，一切輕浮、戲謔、嘲弄等，都當予以竭力避免，但臉上仍可表現那在耶穌裏的安謐與優美寧靜。基督徒不應是悲哀、苦悶、及絕望的。他們是頭腦清醒、莊重有禮，但也向世人表現那只有恩典能賜予的愉快精神。

　　孩子們會被愉快和悅的風度所吸引。只要你以仁慈和禮貌對待

他們，他們就必以同樣的精神對待你，並以同樣的精神彼此相待。

當說喜樂愉快的話——喜樂愉快的話，並不比憂愁不快的話，更費錢或更費力。你是否不喜歡人向你說粗暴不仁的話呢？須記得，當你說這樣話時，人們會感到尖銳、被刺傷的。……

激發愉快的心情——世上若有什麼人是應該時刻感恩的，那就是基督徒了。若有什麼人，甚至在今生，也是享受幸福的，那就是耶穌基督的忠實門徒了。上帝的子民若長年生活在愁雲慘霧之下，無論何事老是投射陰影在身上，那是不能榮耀上帝的。基督徒應當照耀陽光而非陰影。……他是隨時保持喜樂的。

父母們哪，請微笑吧！——有些父母或有些教師亦然。似乎忘記了自己也曾一度作過小孩子。他們所表現的是一派莊嚴、冰冷、無情。……他們的臉經常掛著嚴肅與申斥的表情。孩子的活躍，天真或淘氣，在他們眼中看來，都是無可原諒的。微不足道的小過，被當作重罪大惡。這種訓練一點也不基督化。受過如此訓練的孩子對父母及教師十分懼怕，不愛他們，也不敢將童稚的經驗向他們訴說。

父母們哪，請微笑吧！教師們哪，請微笑吧！如果你們的心中難過，也不要在臉上表現出來。應當讓親切感恩的心發出陽光，使你們的容光煥發。放鬆你們的嚴肅面容，通融孩子們的需要，使他

們愛你們。你們若要以信仰真理感動他們的心，那是非先爭取他們的愛不可。

　　一個適切的禱告──應當以讚美詩歌來使你們的工作愉快。你們若希望在天庭的簿冊上有一份乾淨的記錄，切不可發怒或吵罵。你們每日的禱告應當是，「主啊！請教導我克盡所能，請教導我作更好的工作，請賜我精力與愉快。」……

　　教導孩子們感恩──「要因耶和華──你上帝所賜你和你家的一切福分歡樂。」（申命記26：11）我們應當向上帝表示感恩及讚美，因祂賜給我們今生屬世的福惠及諸般的安樂。

第 28 章　忠實

　　父母當為忠實的模範——父母和教師們哪，你們應向上帝忠實。你們的人生應當避免欺詐的行為，你們的口中也當絕無狡猾的話語。有時你們或會遇到十分令人厭惡的事情，但無論如何，你們的言語、你們的方法、你們的行為，都當聖潔的上帝眼前，顯出正直。凡自稱為上帝兒女的人，豈可不丟棄欺詐與說謊的惡習呢？

　　切不可讓兒女有藉口說：「媽媽沒有說實話，或爸爸騙我的！」當你們在天庭審判台前受審時，你們的名下是否寫著「一個騙子」呢？你們的兒女是否為了那本該領他們行在真理路上的榜樣所敗壞呢？相反的，難道上帝使人悔改的權能不當深入父母們的心中嗎？為何不讓上帝的聖靈在他們兒女的身上印上印記呢？

　　切勿閃爍其詞——父母當作說話誠實的模範，因為這是應該逐

日銘刻在孩子心版上的教導,因為「孩童的動作是清潔,是正直,都顯明他的本性。」(箴言 20:11)

一個不能慎思明辨,及不順從主指導的母親,可能教導其兒女成為騙子及偽君子。這樣培養出來的品格習性,可能根深蒂固,以致說謊好像呼吸那麼自然,而把虛假當作誠實和真確來看待。

嚴厲的責備反而促使兒女說謊──當兒女作了錯事,你們不可大發雷霆,暴躁不耐。在矯正他們的時候,也不可出口急躁及太過嚴厲,免得把他們搞糊塗了,反而害怕說實話。

第 29 章　誠實與正直

應當教導及實行誠實——母親的生平，一切細節瑣事，都必須誠實無欺；在訓練孩子上，要男女一律平等，教導女孩像教導男孩一樣，千萬不可因為是女孩就含糊搪塞，或有絲毫的馬虎，這是非常重要的。

上帝所定的標準——上帝要求凡在祂旗下為祂服事的人，應絕對誠實，品格無疵，口說實話。必須口無虛言，目不斜視，行動完全能蒙上帝嘉許。我們是在聖潔的上帝鑒察之下生活，祂嚴肅地宣告說：「我知道你的行為。」（啟示錄3：15）；上帝注視我們。我們的不正行為，無一能逃上帝的慧眼。

誠實的法碼與量器——許多人用以騙取今生的利益，但在上帝的眼中卻是可憎的。欺詐、虛偽，以及不信實的行為，雖可蒙蔽人

的眼目，但卻不能蒙蔽上帝的眼目。那觀察人類品格發展，及衡量人道德價值的天使，都要把這些表現品格的小作為，登記在天上的簿冊中。

在光陰與金錢上誠實——現今所需要的是有正義感的人，他們甚至在極微小的事上，也會一分不差，正正確確——他們明白自己所處理的金錢，是屬於上帝的，不敢為一己之益，而不合理地亂花分文；他們在工作上，小心而殷勤，忠實而嚴格，不論有否僱主在場，一樣誠實可靠，顯明自己並非只是討人喜歡，受人監督的僕人，而是忠心耿耿，做事負責，忠直誠實的工人，行事正直，不是討人的稱讚，而是因為深明自己對上帝的義務，便喜愛及選擇正義良善。

為別人所信任的人——在每項業務交易上，一個基督徒必作一位不負弟兄們所期望的人。他不作任何越軌的陰謀，所以態度光明磊落，無需掩飾虛偽的行為。他可能受人批評、可能經過試驗，但他不屈不撓的忠貞，卻要發光如純金。他造福凡與他交接的人，因為他的話語可靠，一諾千金。他不佔鄰人的便宜。他是大眾的良友及恩人，他的同胞也都信賴他的忠告。……一個真正誠實的人，必不利用別人的弱點及無能，而中飽私囊。

絕不容許絲毫的詭詐——在每項業務交易上，要嚴格誠實。無論怎樣經受試探，總不施行欺詐，或有絲毫的含糊。有時出於人類的天性衝動，受試探要略偏誠實直徑，但他卻守正不阿，絲毫不改。

若你發表了自己要作何事的主張，縱使是過後發覺此事利人損己，也不可些微偏離原則。而且你若在小小的交易上失信，則在較大的交易上也必一樣。在這樣的情形下，有些人會被試探去說騙話，「別人誤會了我，他們聽錯了我說的話，那不是我原來的意思。」其實呢？他們所說的話清清楚楚，並未被人誤會原意，只因後來自己心起變卦，想要收回合議，以免自己吃虧罷了。須記得，主向我們所求的，乃是行公義、好憐憫、愛真理與公義（參閱彌迦書6：8）。

維持嚴格原則——人生一切事務，無論大小，總要維持嚴格的誠實原則。……有些人以為在交易上偏頗不公，可能是無足輕重的小事；但我們的救主，卻不如此看待。祂對此點，說得又清楚又明白：「人在最小的事上忠心，在大事上也忠心。」（參閱路加福音16：10）人若在微小的事上欺詐鄰人，也必在較大的事上受試探，向他人實行同樣的欺詐。在上帝的眼中看來，在小事上的假表情，是與在大事上的無信義，同樣的不誠實。

我們人生的每一行動，都當有誠實為印記。天使要檢查那交在我們手中的工作，若是有偏離真理原則之處，在簿冊上就會寫下「虧欠」的字樣（參閱但以理書5：27）。

第 30 章　自立與自尊

當訓練每個孩子自立——應當盡己之力，訓練每個孩子自立自賴。由於運用各項才能，他便可明白自己的最大長處是什麼，和自己的弱點何在。一位賢明的教師將特別注意孩子性格較弱之處，而予以培養，使他可養成一種勻稱調和的品格。

過度安逸會使人懦弱——父母應在有生之年助兒女獨立自主，那比離世時留給他們大量金錢遺產要好得多了。那能奮鬥，自食其力的兒女，會比那倚賴先人遺產過活的兒女，更成功且更能適應實際的人生。那些靠賴自己力量的兒女，往往會重視自己的才能，善用自己的機會，培養及引導自己的稟賦，去達到人生的目標。他們往往養成勤勞、節儉、及有道德價值的品格，而這一切乃是基督徒人生成功的基礎。那些越受父母操心的兒女，往往越不會對父母孝順。

困難使人產生力量——困難使人剛強。疾風勁草，那使人產生道德肌腱力的，不是各方的幫助，而是艱難、奮鬥、及挫折。過度的安逸與逃避責任，已使許多本應在靈性操練及道德能力方面負大責任的人，變成懦夫。

教導孩子應付難題——除了家庭和學校的訓育以外，人人均須遭遇生活的嚴格管教，這乃是每一孩子需學習的課程。上帝固然是愛我們，為我們的幸福而努力，況且祂的律法若常常為人遵守，我們就絕不知道何謂苦難；然而事實上，在這世界之上，因為罪的結果，就有困苦、艱難、和重擔臨到每一個人。我們若教導孩子勇敢地應付這些艱難和重擔，就可以使他們終身獲益。我們雖應給予他們同情，但絕不可因此養成他們自憐的心。他們所需要的，乃是那足以激勵並堅強他們的事，而非使他們軟弱的事。

當教導他們知道，這世界並非閱兵場，而是戰場。人人均如精兵一般，必須忍受艱苦。他們都當剛強，作大丈夫。當教他們知道品格的真試驗，乃在乎願負重擔，願處艱險，願從事需要作成的工作，縱使這種工作不能得到現世的讚揚或報償。

加強榮譽感——賢明的教育家，必設法鼓勵信任他們的孩子，並激發他們的榮譽感。有許多孩子，甚至連那些年齡幼小的，也很看重名譽；他們都希望人信任他們，尊重他們，這原是他們的權利。不應使他們覺得自己或出或入是必須受監視的。懷疑是敗壞人的，

適足以造成所欲防止的罪惡。……當導使孩子感覺到自己是被人信任的，因為世上不肯盡力證明自己是靠得住的人，乃是很少有的。

個人學習單

第七篇：培養基督化的美德

署名：

日期：

一、閱讀第 128-143 頁。

二、重點複習：

1 孩子應當多從生活的哪方面得到樂趣並更有助益？

2 為了避免助長虛榮心，我們不應該在哪些方面讚美孩子？

   A

   B

   C

3 諂媚與溺愛會對孩子造成何種影響？

4 孩子需要身邊的人向他表達哪三件事？

   A

   B

   C

5 什麼樣的心思意念不應存留在孩子心中，也不該在家留有餘地？

6 成年人應當在哪方面成為榜樣？

   A

   B

   C

144

7 列出三項已然成為今日時代禍害的性格特質。

　　Ⓐ

　　Ⓑ

　　Ⓒ

8 心思沉著冷靜的基督徒不會呈現何種形象？

　　Ⓐ

　　Ⓑ

　　Ⓒ

　　Ⓓ

9 什麼是真正的「聖潔之美」？

10 我們應當教導兒女說什麼樣的話語？

11 在何事上父母應成為孩子的榜樣？

12 太過嚴厲的管教反而會使孩子害怕做什麼？

13 為什麼我們應當喜愛並選擇正確的事？

14 我們生命中，有多少行動應當有誠實為印記？

15 我們對孩子的同情絕不可養成他們擁有哪一種心態？

三、自我評分表：

評量我的喜樂程度：總是＿＿＿＿　時常 ＿＿＿＿＿很少＿＿＿＿＿　　從不＿＿＿＿＿

1 當我＿＿＿＿＿＿＿＿＿時，我總是非常地喜樂。

2 當我＿＿＿＿＿＿＿＿時，我總是非常難過。

四、問題與討論：

❶ 當父母嘗試把孩子塑造成眾人目光的焦點時，其結果將如何？

❷ 孩子的衣著打扮與品格的塑造之間有何關係？

❸ 討論：「真實之美的秘訣」。

❹ 討論鼓勵孩子與讚美孩子之間的不同。

❺ 我們應當在孩子生活的哪一個地方安放「禮貌」這座基石？又如何安放？

❻ 我們應當如何教導孩子謙卑與恭敬？

❼ 家庭氣氛對品格塑造的養成有何重要性？

❽ 討論：「父母們哪，請笑吧！教師們哪，請笑吧！」

❾ 我們應當如何教導孩子培養感恩的精神？

❿ 我們為何應當教導孩子「樸實無華」？請與過度妝飾作一比較。

⓫ 說明應當如何教導孩子在生活中遠離撒謊、推託、欺騙。

⓬「誠實」真的是「上上之策」嗎？或者它就是生活中根深蒂固的基本原則？

⓭ 為何有些孩子長大後會成為在心智及道德上都十分軟弱的大人？

⓮ 請比較在教養孩子方面，同情與自憐的相異之處。

⓯ 討論信任與懷疑這兩種態度，對於孩子問題的處理之間的關係。

146

五、個人默想：

❶ 我的孩子是否真的可愛又迷人？

❷ 我的家有多像天上的家呢？

❸ 我的家是否謙恭有禮？

❹ 我在家中是否時常微笑，即使情緒不佳？

❺ 我的孩子是否擁有願意專心聆聽的耳朵，以及樂於助人的手腳？

6 我是否視自己的工作為可喜樂的？

7 對孩子而言我是否值得信賴？

8 我在買賣的事情上是否誠實？

9 我是否有教導訓練孩子如何自力更生？

10 我是否有鼓勵孩子培養榮譽感？

六、說出一件我在今天為家人所做的善行。

Child Guidance

第 31 章　品格的重要

能從今世帶到來生的唯一財寶——那按神聖楷模而造成的品格，乃是我們能從今世帶入來生的唯一財寶。凡在今世置身於基督訓誨之下的人，必能將各樣神聖的造詣都帶入天上的居所，而且在天上我們還要繼續地改進。由此可見在今生品格的培養該是多麼的重要啊！

真實的品格乃靈性的特質——智力與天資並非品格，因為許多品格惡劣的人，往往也賦有這些特質。名譽也不是品格。真實的品格，乃是靈性的特質，是在行為上表現出來的。

良好的品格是比金銀更有價值的一種資產。它不會為恐慌或失敗而影響其安全。當屬世的財物都被掃除一空時，它仍帶來豐盛的賞賜。

兩種特質──品格的能力乃在乎兩種特質──意志力與自制力。許多青年誤認不受約制的激烈性情為堅強的品格；其實，凡為忿怒所勝的人，他們都是弱者。要衡量一個人的真實偉大與高貴，乃以他是否能克制自己的情感而定，而非以情感勝過能力為準。世上最剛強的人，乃是雖受別人欺侮凌辱，而仍能抑制忿怒及饒恕仇敵的人。

比外表的炫耀更重要──如果青年能以擁有優美品格與可愛性情，像他們在服飾及儀容上效法世俗時髦那麼重要，那麼，今日登上人生舞台，對社會發揮移風易俗力量的青年，就當不止一位而是數百位了。

培養品格乃終身工作──培養品格乃終身工作，而且有關永恆的產業。倘若各人都體悟到這點，並覺察到每個人正在世上決定自己的命運，享受永生或永遠滅亡，則情形將有何等的改變啊！人將如何以不同的方式來利用這段上帝寬容的時期，及世上將出現何等不同的人物啊！

發育與生長──種子的發芽代表靈命的開始，植物的發育乃是品格發展的象徵。植物在我們不知不覺時靜靜發芽，卻又是繼續不斷的成長，品格的發展也是如此。

人生的收穫──生命的收穫乃是品格，那決定今世及來生命運的也是品格。莊稼乃是所撒種子的繁殖。每一子粒的結實都「各從

其類」。我們所養成的各種品性也是如此。自私、自利、自負、和任性，都必生出同樣的惡果，結局乃是困苦和滅亡。因為「順著情慾撒種的，必從情慾收敗壞；順著聖靈撒種的，必從聖靈收永生。」（加拉太書6：8）仁愛、同情、與良善所結的，乃是福惠之果，也是永垂不朽的收穫。

基督教的最大憑證——基督徒母親們若能獻給社會一些有正直品格、堅定原則、和健全道德觀念的孩子，她們便是做了最重要的傳道工作了。她們的兒女，受過徹底的教育，能承擔社會上的地位，這便是基督教能對世界有貢獻的最大憑證了。

第 32 章　塑造品格

由恆切不倦的努力鑄造——品格並非偶然而成，它也不是由發一次脾氣，行一步錯路而促成的。一再重複的行為會造成習慣，並塑造或善或惡的品格。正直的品格惟有藉著恆切不倦的努力，以及善用受託的每一天賦與才能，以榮耀上帝才得獲致。可惜許多人不但不這樣作，反而縱容自己隨從情感及環境的左右。這不是因為他們缺少良好的資質，而是由於年輕時沒有體悟到上帝期望他們善盡所能。

每項行為所生的影響——人生的每一行為，無論其如何無足輕重，都能影響品格的形成。善良品格的價值比屬世財物的價值更高，而形成這種品格的工作也是世人所能從事的最高貴工作。

受環境所形成的品格，隨時會起變化且不和諧——這樣的品格

只是一團的矛盾。凡具有這樣品格的人，對於人生沒有高尚的目的或宗旨。他們對於別人的品格不能發揮什麼高貴的影響力。

因順服上帝而得以完全——上帝期望我們按照那擺在面前的模型（耶穌）去建立自己的品格。當我們發現一座華廈的牆壁有了裂縫，就知道這房子有了毛病。在我們品格的建築物上，同樣也會呈現裂縫。若不補救這些毛病，到試煉的風暴襲擊時，這房子就要倒塌了。

在建立品格的功夫上，我們務須以基督為基礎。祂是那牢靠的根基——永不動搖的基石。試探與試煉的風暴，無法搖撼那連於永恆磐石的建築物。

務要抗拒試探——但以理的父母於他童年期間以嚴格的節制習慣訓練他。他們已教導他知道，在各樣的習慣上，必須順服大自然的定律；他的飲食會直接影響到他的體格、智力、與德性，而且他必須為自己的才能向上帝交帳；因為這些是上帝所賜的禮物，不可因自己的任何行動而使其有害或變形。由於這樣的教導，使他的心意重視上帝的律法。心裏尊之為聖。在被擄的初期，但以理經歷了那使他熟習宮庭權勢、虛偽，以及各種異教風習的磨難。為要訓練他度著一種端莊、殷勤、與忠信的人生，這是一所何等奇異的學校啊！然而他卻毫不沾染其周圍的罪惡氣氛而有所敗壞（參閱但以理書1：8）。

但以理和他的同伴在幼年曾享有訓練與教育的益處，然而單靠著這樣的便利不會使他們成為那樣的人物。時機臨到，他們就必須自行決定其行動方式——前途如何，也全在乎他自己的行為如何而定。於是他們便決意要忠於幼年時所受的教導。敬畏那為智慧開端的耶和華之心意，便是他們作偉大人物的基礎。

必須立下崇高目的——今日青年若要像但以理一樣地站立得穩，他們必須操練每股屬靈的神經和筋骨。主也不願他們長久仍為初入門的生手。祂盼望他們攀登梯子的頂級，以便從那裏進入上帝的國。

須聽從勸告的譴責——世界乃是上帝的工廠，而每塊用作天上聖殿的石頭，必須經歷切開及磨光，而成為蒙試驗而顯為寶貴的石頭，堪稱在主的建築物裏承擔所指定的位置。倘若我們拒受教導與鍛練，則我們必成為不經切磨的石頭，最後將被視為無用而遭棄絕。

在你建設品格的事，或許有不少的工作要作，因為你是一塊頑石，必須先經一番切磋琢磨，然後才可以在上帝的殿中佔有一席地位。當上帝在你身上施以斧斤，削除你品格中的稜角，使你能適合祂為你安排的位置時，你毋庸驚奇。因為對於這種工作，世人無能為力；惟獨上帝才能完成。同時也盡可放心，祂必不至施以無益的打擊。每一次的擊打，都是本乎愛，也都為了你永生的福樂。祂明白你的弱點，並且祂是從事恢復，而不是從事破壞。

第 33 章　塑造品格，父母有責

156

　　家庭乃建立品格的最佳場所——教會小學或大學都不能像家庭那樣有好機會，可以在合適的基礎上為孩子建立品格。

　　兒女未受到清潔家庭的訓練——我曾見過一位母親，她那明察秋毫的眼目能敏銳地看出家裏的傢具有何不調和之處，她特別留意要按自己所定的時間徹底完成家中的清潔工作，而往往不惜損及自己身體和靈性的健康，但同時卻任憑兒女在街上玩耍，接受街頭教育。這班孩子長大了，為人粗暴、自私、傲慢，也不服從。這位母親雖請有傭人，無奈她是那麼忙碌處理家務，以致無暇給兒女適當的訓練。她讓他們長大時品格畸形、全無紀律、缺乏教養。我們不得不承認這位母親雖精明能幹但用得不當，否則她就會體悟到塑造兒女思想行為的必要，而教導他們有勻稱的品格與可愛的性情了。

有些孩子會拒受父母勸告──父母們有時竭盡一切要給兒女種種的教導和權利，好使他們將心獻給上帝，但兒女或會拒絕行在光中，而且他們罪惡的行為，使那愛他們期望他們得救的父母蒙受不利的影響。

試探孩子，使他們行在罪惡與不順服的道路中的，乃是撒但。……他們若行在光中，不肯將自己的意志和行為順服上帝，執迷不悟地過著犯罪的人生，則他們所享有的權利和亮光必在審判之日定他們的罪，因他們沒有行在光中，也不曉得自己往那裏去。撒但正在引導他們，他們也成了世人的話柄。人必指著他們說：「你看，這些孩子怎樣呀！他們的父母熱心宗教信仰，但你可看出他們比我們的小孩更壞，而我們都不是基督徒。」這些曾受良好教導卻不順從的孩子們，就這樣使父母感到羞慚，而在不敬虔的世人前惶愧無已。他們也因所作的罪惡行為，而使耶穌基督的信仰蒙受羞辱。

父母們哪，這是你們當作的工──父母們哪，當在兒女的心中培養忍耐、恆切、和真誠的愛，這便是你們所當作的工。你們這樣的正確努力，其成果將於他們指導其家庭去行在主的道上表現出來。

第 34 章　品格敗壞的由來

　　父母可能撒下敗壞的種子──犯錯的父母正是給兒女有害教導的人，也是為他們自己的前途種下荊棘的人。……兒女未來的幸福，大半操於父母的手中。

　　由於太鬆或太嚴的管教──孩子往往從幼被父母溺愛，養成了錯誤的習慣。父母一直在拗折幼樹。孩子的品格是由父母的訓練所養成，或是畸形發展，或是勻稱優美。有許多人犯了溺愛兒女的錯誤，但也有些則趨於另一極端，以鐵杖管教兒女。這兩種人都在執行一種可怕的工作，都沒有實行《聖經》的教導。他們是在模造兒女的心思，在上帝審判日，當為他們所作的這些行為交帳。

　　由於沒有為上帝訓練他們──有些孩子被容許可以隨意而行，另有些孩子，則被人吹毛求疵，以致垂頭喪氣。他們難得聽到快樂、

歡欣、及嘉許的話。

唉，母親們若能賢明行事，用鎮靜而堅決的態度，去訓練和管治兒女肉體的脾氣，則多少的罪惡可以事前及時遏止，而多少的教會和批評也可以免掉啊！

由於縱容他們狎玩罪惡——現今應當空前留意管教指導孩子，因為撒但正在爭取控制他們的頭腦和心思及驅退上帝的聖靈。現代青年的可怕情形，已是我們生於末世的最大兆頭之一，但許多人的靈性死亡，可直接追溯於父母的管教不當所致。反對責備，嘖有煩言的精神，已經生根而結出忤逆之果。父母雖對兒女正在養成的品格不滿，但卻看不出那使他們致此的錯誤何在。……

由於不加約束——由於父母沒有適當地約束及指導兒女，成千上萬的人長大時有畸形的品格，廢弛的道德，及甚少與人生實際義務有關的教育。他們被容許隨心所欲地運用自己的情慾、自己的光陰、及自己的智力。

父母們以為自己在愛兒女，而其實反顯明自己是他們的最壞仇敵。他們讓罪惡橫行無禁。他們隨兒女懷戀罪惡，這情形猶如懷抱及玩弄毒蛇一樣，結果不但傷及懷抱牠的人，也是傷及凡與他有關的人們。

由於姑息明顯的錯誤——許多父母不但不負責，反而安慰自己

的良心，說道：「我的兒女並不比別人壞呀！」他們設法掩飾上帝所憎惡的罪惡，免得兒女們惱羞成怒，採取絕望的行動。如果他們心中已有反抗的精神，與其放任它強加劇烈，遠不如當初即予以制止為佳。

由於溺愛與放縱——父母們往往溺愛及放縱年幼的兒女，因為這樣似乎是更容易管理他們。聽憑他們隨心所願而行，自是比遏制那在其中強烈激起的不羈傾向，簡單平順得多了。然而這種辦法是卑怯的，如此規避責任，實是一件惡事；因為時候將到，那些未受遏制的傾向已加強成極端邪惡的兒女，必使本身及其家屬受辱蒙羞。他們出外面對繁忙的生活時，沒有應付試探的準備，力不足以忍受困惑與艱難；暴躁、傲慢、沒有教養，事事要別人遷就其心意，而且在達不到目的時，便以為自己是被世人欺負，而轉過來反擊別人。

由於撒播虛榮的種子——無論何往，我們都可見到有些孩子們被驕生慣養，姑息溺愛，及濫予稱讚。這種情形使他們虛榮、大膽、及自負。那些不聰明的父母及監護人，誇讚及縱容自己負責照顧的年輕人，從未想到後果如何，這樣，便是將虛榮的種子，撒在人的心田上。剛愎及驕傲，曾使天使受害而變成魔鬼，及被拒在天門之外。可惜父母們，竟在不知不覺之中，有計畫地訓練兒女成了撒但的工具。

由於為兒女作牛作馬——現今為兒女作牛作馬，鞠躬盡瘁的父

母，真是不知多少！受了這樣教育及訓練的兒女，生在世上專求自己的喜悅、娛樂、及虛榮。父母們在兒女的心田上撒下了自己不願收穫的種子。在此種訓練之下，10歲、12歲、或16歲的孩子，都自認聰明過人，想像自己是了不起的人物，甚至以為自己無所不通，不必聽命父母，而且自命崇高，對於日常生活義務，不屑為之。貪愛佚樂的心控制了他們的心思。自私、驕傲、與忤逆，便在他們的人生中造成痛苦的結果。他們接受撒但的暗示，養成不聖潔的野心，要在世上大出鋒頭。

由於錯誤的溺愛與同情——父母們可能為了放縱和姑息其兒女，而抵消了對上帝聖潔律法的順從。基於這種溺愛，他們容許兒女依從那邪惡的衝動，並對上帝吩咐其所當予的教導與訓練，也避諱不言，因而違背了上帝的教導。當父母們這樣不顧上帝的命令時，他們是危害及自己和兒女的靈命。

人在要求兒女順服上優柔寡斷，表現虛偽的愛心和同情——以放任及抑制為上策的錯誤觀念——此種訓練法會使天使擔憂，卻令撒但大悅，因這樣做將引領成千上萬的孩子參與其行列。

由於專注於社交的訓練——不該訓練兒女專注於社交活動上。不可將他們成為獻給摩洛（亞捫人的神，見列王紀上5：7）的祭物，乃要使他們成為主大家庭中的成員。他們不應讓孩子的心專注於世界的習尚與風俗。他們不可教育兒女去參赴派對、音樂會、與舞會

等，也不可專注擺設或參與什麼盛宴，因為這一切都是外邦人所行所在意的。

由於家庭中缺少敬虔——在自稱基督化的家庭裏，父母理當是殷勤研究《聖經》的學者，才能洞悉上帝聖言中所明示的一切命令和限制，而今卻有顯著的忽略，不順從聖言的指示，不遵照主的教導和警戒去養育家中的兒女。身為基督徒的父母們，在家庭裏也沒有實行敬虔，父母們既滿足於所達到的低下標準，又怎能在家庭生活上表現基督的聖德呢？永恆的印記上，只能印在那些品格上與基督相似之人的身上。

第 35 章　為兒女建立健全的品格

勿只注重外表——我們所處的時代幾乎凡事都只注重外表。在性格上很少有穩重堅強的表現，因為一般孩子所受的教育和訓練，從搖籃時起便是只注重外表。他們的品性乃建立於流動的沙土上。在塑造的品格內並沒有克己自制。他們被溺愛放任，致令實際的人生受敗壞而變為無用。愛好歡樂的心控制了他們的心思，他們也由於受諂媚而被慣壞了。

要採取堅決的立場——父母們大半過於信任自己的兒女；往往在父母信任他們時，孩子卻有許多暗中隱藏的罪惡。父母們哪，你們應當留心熱切照管自己的兒女。你們或起來，或坐下，或出去，或進來，都當隨時隨地勸告，指責及教導他們：「律上加律，例上加例，這裏一點，那裏一點。」（以賽亞書 28：10）應當趁他們年

幼時管教他們。很可惜許多父母們忽略了此事。他們對兒女沒有採取應有的堅決立場。

耐心播撒寶貴種子——「人種的是什麼，收的也是什麼。」（加拉太書 6：7）父母們哪，你們的責任是要獲取兒女們的信任，並要存仁慈忍耐的心去撒播寶貴的種子。你們也當以樂意的心情去從事這工，萬不可因任何的困難、掛慮、或辛勞而發生埋怨。靠上帝的幫助，你們的手是在塑造孩子的品格，而這孩子將來可能在主的葡萄園中要救助許多的人歸向耶穌。

靈、智、體並重——若要塑造正當均衡的品格，對於體、智、靈三方面的才能都當加以培養。「孩子漸漸長大」、「身量增長」（路加福音 2：40，52），這些詞句已將耶穌身體的發展和靈性的生長，呈現在我們的眼前。在孩子成長時期，當注重體格的培養。父母們要教導兒女注意飲食衣著和運動等的良好習慣，以便奠下日後的良好健康基礎。身體應該受充分的照顧，免致體力的發育受阻，才可在各方面都能儘量發展。這樣的孩子便會處於優勢，若再加以信仰的訓練，他們就可以像基督一樣，必然心靈強健了。

健康與智力和道德有關——為激發兒女的道德感，以明白上帝對其要求起見，你們當使他們牢記，要如何遵從上帝為其身體健康而定的規律，因為健康是與他們的智力和道德有莫大的關係。要在適切的時機中使他們的意念導向正軌，這是一種十分重要的工作，

因在此千鈞一髮之際所作的決定乃是非常重要的。

必須供應心靈純潔的養料——你們要讓兒女的心中充滿那清潔無害的思念，或那到處流行的罪行——驕傲及忘掉救贖主的意念？

我們是生於一個高舉一切虛偽和膚淺的事物，過於那真實、自然、與持久事物的時代，應當防止那引誘心思趨入歧途的各種事物。我們的心思不宜為那毫無價值而不能使智力加強的小說所害，我們供給心靈養料的品質如何，我們思想的品質也是如何。

優越的智力不足恃——你們或因兒女有優越的智力而歡欣，然而孩子這樣的智力，若不降服於成聖的心思下，必將與上帝的旨意相牴觸。

個人學習單

第八篇：最重要的工作——培養品格

署名：

日期：

一、閱讀第 150-165 頁。

二、重點複習：

1 什麼是我們能從這世上帶走的唯一財寶？

2 品格的能力包括哪兩種特質？

　Ⓐ

　Ⓑ

3 什麼事情和努力成為聖潔一樣，乃是終身的工作？

4 什麼是基督教能對世界有所貢獻的最大憑證？

5 習慣由什麼促成？品格因什麼而成形？

6 什麼是我們所能從事，最高貴的工作？

7 父母若從事錯誤的教導，便是為日後種下了什麼？

8 在教養兒女方面，哪兩種極端的管教是我們應當注意的？

9 母親在教養兒女的事上該如何做才能斬除惡根？

10 忽視什麼乃是上帝特別責備的？

11 父母在什麼時候會變成自己兒女最可怕的敵人？

12 父母在什麼時候會危害自己及他們子女的靈性？

13 在兒女漸漸長大後，父母應如何訓練他們擁有強健的體格與心靈？

三、自我評分表：

你的人格特質是：

堅定的_____ 猶豫不決的_____ 容易受他人影響的_____軟弱的_____

1 我最強的優勢是：

2 我最大的弱點是：

四、問題與討論：

1 討論：「真實的品格乃靈性的特質。」

2 所謂「品格力」是什麼意思？

3 討論品格發展上的完全。

4 什麼叫做「環境塑造品格」？

5 討論該如何為我們的家庭帶來轉變。

6 討論放縱溺愛以及鐵腕手段兩種管教方式。

7 討論溺愛與同情帶來的影響。

8 我們該如何糾正孩子錯誤的態度？

9 心智上的健康是指什麼？

10 討論：「優越的智力」。

五、個人默想：

1 我是有自制力的人嗎？

2 我是否訓練孩子擁有自制力？

3 我的孩子有堅強的意志力嗎？或他很容易選擇放棄？

4 我的孩子是否穿著「由天上光輝所織的華美衣袍」？

六、說出一件我今天變得比昨天更好更強的事情。

建立品格的基本原理

Child Guidance

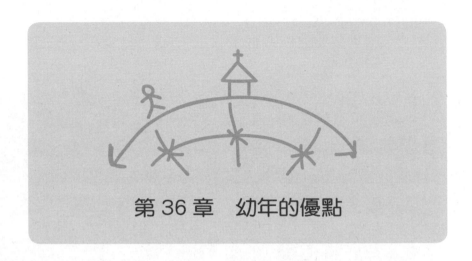

第 36 章　幼年的優點

童年乃最重要的時期──童年所受的教育，其重要性是無可比擬的。孩子在 1 ～ 7 歲的年齡中所學習的教導，對於他品格的形成，要比以後在他終身的年月中所學的更為有關。

最初的印象很難忘記──父親、母親、或家中的任何人，都不應讓嬰兒、孩子、或青年聽到一句急躁的話語，因他們在人生的初期易於接受影響。父母們今天要孩子成為怎樣的人，則他們在明天、後天、及將來也便是那樣的人。孩子所受的初期教育影響，是很難忘記的。……

早年留在孩子心中的印象，到了他成年時將要顯示出來。這些印象可能會潛伏不露，但仍是難以磨滅的。

人生基礎奠立於最初的三年間——母親們哪，妳們務要在小孩出生後的最初三年間，給予適當的教育。不要容許他們隨從一己的意願或慾望。在這段時間母親必須替她的兒女作主意。人生的最初三年，乃修整嫩枝的時候。母親們應當了解這時期的重要性，因為人生的基礎是在這時期奠定的。

如果在初期的訓導上有缺欠（此種情形屢見不鮮），我奉基督的名勸妳們，為兒女的前途和永恆的福利起見，應當竭力補救以往的錯誤。如果妳們已等到孩子滿了3歲，才開始教導他們自制和順服，以後這種工作會更難得多，但仍當機立斷著手去做。

沒有一般人所想像的那麼困難——孩子們自在搖籃的日子起，父母便教他們知道自己的意念並非律法，他們自己的妄想也是不能繼續放肆，這就可使父母免除以後許多的掛慮和憂愁了。教導孩子克制其脾氣的發作，治服其憤恨的表現，這事並不如一般人所想像的那麼困難。

此項工作不可耽延——許多人忽略了自己對於子女幼年時代的本分，心想等到他們長大些，再來留心管教他們的惡行，及教育他們行善。

當我對一些父母們指出其有助長年輕兒女的不良習慣時，有些父母似乎毫不介意；有些還笑著說：「啊！我們可愛的小寶寶嘛，

無論什麼事情，我都捨不得和他們作對。讓他們年齡大一些，自己就會好啦！那時他們自然而然就會為發脾氣而自覺羞愧。現今如果過於認真和嚴格地管理小孩，那是不大好的。他們漸漸大了，必能改變那說謊、欺騙、懶惰、自私等壞習慣了。」母親們就這樣輕鬆地把這事情放下了，然而這樣的想法是不合上帝旨意的。

準備應付實際的人生——現今很少人用功夫慎重考慮，孩子在最初的 12 或 15 歲的年日中，可獲得何等大量有關今世和永恆事物的知識。在這段時期中，兒女們非但要獲得書本的知識，也當學習實際人生所不可或缺的各種技能，而且還要注意，不可因為注重前者而忽略了後者。

拿破崙的例子——拿破崙的性格，受了童年時期訓練的影響很大。不智的教師激勵他醉心於攻略之事，摹仿軍旅的樣式，使他在隊前作統帥。於是奠下了他從事戰鬥流血生涯的初基。倘若教師費同樣的心機和努力，教育他為善良的人物，而在他幼年的腦海中印上福音的精神，則其生平歷史將有何等的不同。

哲學家休謨與伏爾泰——據說這位懷疑派的休謨，在幼年時原是篤信《聖經》的。後來他加入一個辯論會為會員時，被派為無神派提供有利的詭辯。他對這問題加以熱切不倦的研究，以致令他那敏銳而活潑的心思，沉浸於懷疑的詭辯中。過不久他便相信那具有欺騙性的訓導，而在他的一生留下了無信仰的黑暗記錄。

當伏爾泰 5 歲大的時候，他把一首無信仰者的詩熟記心中，這有害的影響始終無法自他的思想中除掉。他成為撒但的最有效工具，去誘導人遠離上帝。

哈拿的報償——每位母親都蒙賜予無可估價的機會，和無限寶貴的特權。在先知撒母耳的人生最初三年中，他母親諄諄誘導他如何分辨善惡。藉著熟習周遭的一切事物，她竭力引導他的思念歸向創造主。為要完成將兒女奉獻給主的心願，她以莫大的自我犧牲，將他交給大祭司以利，在上帝的殿中服務受教。……他幼年所受的訓練，使他持守基督般的正直。哈拿得到了何等大的報償啊！而她的榜樣是多麼鼓勵人去堅守所許的願啊！（參閱撒母耳記上 1：27 － 28）

約瑟曾怎樣防護己心？——雅各在約瑟幼年時所給他的教導，提到自己如何堅心信靠上帝，並屢次向他講述有關祂的慈愛和永不止息的眷顧等珍貴憑證，乃是約瑟被賣到拜偶像民族中時最需要的教導。當受試驗時，他便將這教導付諸實行。在他受嚴格的試煉之日，他仰望自己素來所信賴的天父。如果約瑟父親的教導和榜樣有相反的性質，就絕不會在《聖經》裏，寫出那從約瑟品格上所顯示的正直與美德的故事來。他早年在思想上所受的影響，在他遇到猛烈的試探時保衛了他的心，使他義正辭嚴地說：「我怎能作這大惡，得罪上帝呢？」（創世記 39：9）

智慧施教的後果——母親所顯示的猶疑懦弱的行為，會很容易被兒女們發現，這是一種可歎的事實，那試探者由此就左右了他們的意念，驅使他們去隨從自己的意向。

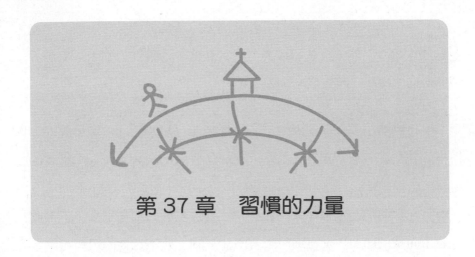

第 37 章　習慣的力量

習慣的形成——任何一種行動，無論或善或惡，並不能形成品格，可是那放縱的心意和情緒，卻會為許多類似的行為開路。藉著……行為的重複，習慣便養成，而品格也定了型。

掃羅是一個悲慘例子——以色列人開國之君的歷史，乃是一個悲慘的例子，說明幼年養成的惡習有何等大的力量。掃羅在幼年時期就不愛上帝，也不敬畏祂；而且他那急躁的性情既沒有在幼年時訓練成順服，就必隨時反抗神聖的權威。那些在幼年敬愛上帝的旨意並忠心盡責的人，就可以準備在成年時期擔任更高的職務。但人若多年妄用上帝所賜的才能，而到了他們意欲改變的時候，還希望如少壯時一樣很自然地把這些能力用在完全相反的事業上，這是根本不可能的了。

一個孩子或受過完美的宗教訓練，但若是他的父母、教師、或監護人容許一個不良的習慣去左右其品格，這習慣若不予以克制，將必佔了優勢，導致孩子的滅亡。

行動雖小，關係卻大——任何行動都有雙關的性質與重要性。無論善良或邪惡，正直或歪邪，其行動皆由動機激發而來。錯誤的行為若經常重複行之，便在那行動者的心上留下了難以磨滅的印象，並且在凡與他有關係之人的心上，不論是屬靈的或屬世的，也都要留下同樣的印象，父母或教師若不注意到那些不正當的瑣屑行動，也將在青年人的身上養成同樣的習慣。

惡習比善習更易養成——孩子們所學得的一切，都不足以抵銷其幼時未受嚴謹訓練所造成的罪惡。一般疏忽，若一再重複，便成了習慣。一件錯誤的行為，將為其他的錯誤鋪路。惡習比善習更易養成，而且更難於改正。

第 38 章　當研究孩子的年齡、氣質、癖性

不宜過早催促孩子結束童年生活──父母不應催促兒女過早脫離童年生活。惟願所給予他們的教導，其性質是激發他們高貴的目標使他們在長大時仍可保留其赤子的純良、單純的信賴、正直、和誠實，而配進天國。

與每個年齡配合的優點──基督所講的比喻中，最美妙動人的要算撒種和種子的比喻了。……這比喻所闡明的真理，便在基督自己的人生上成為活生生的事實。

在幼童時期，耶穌實行一個順命孩子的工作。祂的言語舉動，皆出諸般孩子的智慧，而不像是成人的。祂敬重父母，並照孩子的所能，隨時幫助成全其心願。論及祂童年的生活，有此記載說：「孩子漸漸長大，強健起來，充滿智慧；又有上帝的恩在祂身上。」在

祂童年時期，又記載說：「耶穌的智慧和身量，並上帝和人喜愛祂的心，都一齊增長。」（路加福音 2：40，52）

家人氣質互異——在同一家庭的每一分子，氣質與性格上往往有顯著的不同，這原是上帝的旨意，要使個性互異的人彼此接納包容。若有這樣的情形，家中的各人都當以體貼別人的心意為自己應盡的神聖義務，並重視對方的權利。這樣，便能促進雙方的體諒與寬恕，偏見也會緩和，而品格上的粗糙處也將變為圓滑。這便能保持和睦，而種種不同的個性也得以調和而對各人都有益處。

要研究各人的心思與性格——隨著每一孩子的出生，父母的責任便也加重。……當研究各個孩子的氣質、習尚、與性格的特質。父母應當慎重培養辨別力，才能抑制錯誤的傾向，激發正義感，和表示正確的原則。

不能用同一個方法去對待所有的孩子，因為在某一孩子身上所必施的方法和規矩，若施於另一孩子，卻可能壓抑了他的能力。

軟弱的性格需扶助，邪惡的潛在性格需抑制——現今具有均衡意志的人不多，這是因為父母不負責任，忽略其任務，未對孩子們脆弱的性格予以扶助，而邪惡的潛在性格予以抑制之故。他們也忘記了本身負有嚴肅的責任，要對兒女的傾向有所警覺，及有本分教導兒女以正當的習慣，和正當的思想。

當熟悉每一孩子的氣質——孩子們須不斷地受照顧，但你們不必使其發覺到你們常常護衛著他們。可以從孩子們彼此交接時所顯示的氣質而了解他們各自的個性，還要就其弱點加以激勵和糾正。

精神的需要和身體的需要同樣重要——有些父母只注意到兒女們今生物質上的需要，在他們有病時，慈愛而真誠地照護他們，然後以為已盡了自己的責任，其實他們是錯了。他們的工作不過才剛開始呢？

有些父母說話急躁，在態度上也是激起兒女的怒氣，常是苛責及暴躁。那可憐的兒女也賦有這同樣的精神，父母們未能常助他們，因為麻煩的根源，就是父母自己。有時似乎是事事不對，到處生氣，大家都過著很苦惱很不快樂的日子。父母們歸罪於可憐的兒女，以為他們是很不聽話及不受教，是世界上最壞的兒女，其實那些紛亂的根源，卻是在於父母自己的身上。

鼓勵溫柔的美德——那不均衡的意志、急躁的脾氣、易怒、猜忌、和嫉妒等都見證了作父母者的疏忽。這些品格上的缺點使許多孩子因此失去了同伴及朋友們所能給予的愛護，如果他們稍為溫柔一點，就可得到許多友誼。有一些人無論何往，無論作何事，都會引起麻煩！

對待看似無望孩子的方法——有些孩子比其他孩子需要更多耐心管教及愛心訓練。他們某些看似無望的品性特質乃由遺傳而來，

因此他們需要更多的同情和愛。藉著恆切不倦的努力，這些頑強的孩子們可以受教，或者他們還潛藏著一些未經啟發的力量，但一旦這些潛力加以激發，可能使他們擔當的任務，遠超過那原比他們更有指望之人所能承擔的重責。

第 39 章　意志是成功要素

　　每一孩子均當了解意志的能力——意志是人本性上的統治能力，使其他一切的才能都服在其管制之下。意志並非嗜好或傾向，但它卻是決定的力量，運行在人類的心中，使他們順服或違背上帝。

　　每一個孩子當明瞭意志的真實力量。當引導他看出在這一恩賜中包含著何等重大的責任。意志乃是人……決斷或選擇的能力。

　　意志若降服於上帝，則必得成功——在人生的一切經驗中，上帝對我們的吩咐是：「今日就可以選擇所要事奉的。」（約書亞記 24：15）每一個人都可以使自己的意志與上帝的旨意相合，可以選擇順從祂，並藉此與神聖的能力聯絡而使自己處在不會作惡的地步。

　　凡依據這種教導而訓練孩子達到自治的父母或教師，就是最有

效而永久成功的。在那只看重表面的人看來，他的工作似乎並無多大效益，也許被認為不如那以絕對權威控制孩子思想及意志者的工作有價值，但經過若干年之後，這種較優的訓練方法所產生的結果就必顯明了。

不要使孩子意志薄弱化，乃要加以指導——孩子宜及早受訓練，使其意志及傾向降服於父母的意志和權威下。當父母將這樣的教導去教導兒女時，乃是教導其順服上帝的旨意，聽從祂的要求，使其堪作基督大家庭的一分子。

應予指導，不應打擊——強迫孩子服從乃是一種嚴重的錯誤。心理的構成各有不同，強硬的手段也許可以獲得外表的服從，但結果卻使許多孩子背逆的決心更甚。即使父母和教師在他所力求的管理上獲致了成功，但結果對於孩子也許同樣的有害。……

既然有些學生較比他人更難使意志降服，因此教師便當盡可能地使一切規律易於服從。人的意志應受指導與陶冶，而不應受忽視或壓服。

應當引導，切勿強迫——要容許你們所照顧的孩子各保有其獨特的個性，正如你們有自己的一樣。當隨時盡力引導他們，但萬不可強迫他們。

意志的運用會發展及加強智力——孩子由於所受的訓練，也可

能……使他自己沒有意志力。受了這種教育的孩子，必時常缺乏道德力和個人的責任感。他們的意志既常受制於人，思想也就沒有發育，以致不能藉著運用而發展加強。他們所得的指導和管教，與他們各別的性情和智力的才能完全沒有結合，以致不能在必要時發揮其最大的力量。

當意志有衝突時——孩子若有倔強的性情，母親如果理解其責任的話，就必體悟到這倔強的性情，乃是兒女遺傳自己的一部分。她也不會以為必須將他的意志壓服下來，有時，母親的決心和兒女的決心相牴觸，母親成熟而堅決的意志將與孩子缺乏理智的意志相衝突，那時母親若非善用其年齡與經驗的優勢而控制一切，則年齡幼小也無管教的孩子意志，將會管轄年長者的意志。當遇見這種情況時，須要有極大的智慧；因為若管理不得當，或予以嚴格壓迫，則孩子今生的前途和來生的盼望都可能被敗壞了。如果缺少智慧，可能一切都失落了。

一位屈服於啼哭孩子的母親——妳的孩子……需要智慧的手予以適當的引導。妳常讓他藉著啼哭來達其所望，以致養成了這樣的習慣。他也被允許以啼哭來找他的爸爸。妳又告訴別人說他的啼哭是要見他的爸爸，這樣的話一再被他聽見，以致他便一直故意這樣做了。假若妳的孩子交給我來處理，在三個星期內他必會改變過來。我會使他知道我的吩咐就是律法，並且我會和善而堅定地推進我的計畫。我絕不會使我的意志屈服於孩子的意志。妳在這事上有當作

的工，但因妳未及早下手，以致有了重大的損失。

許多試煉的背景──凡危害教會的興盛，使不信的人跌倒及心存疑惑與不滿而遠離教會的種種可悲試煉，往往是由反叛不馴的精神而起，父母對兒女在幼時放任的後果。現今多少的生靈受敗壞，多少的不法行為出現，應歸咎於容易發作的怒氣。

第 40 章　以基督化原則為規範

兒女常效法父母——父母們哪，你們乃是教師，你們的兒女便是學生。你們說話的聲調，你們的態度，你們的精神，都會被他們效行無誤。

兒女常常效法父母；因此必須十分小心，給予正確的模範。父母若在家中親切有禮，同時也是堅定明確，就必在兒女身上顯出同樣的特性。倘若他們為人是正直、誠實、高尚，則其兒女多半也會在這些方面和他們相像。如果他們敬畏上帝，他們的兒女也受了同樣教導，就必不會忘記服事祂了。

以榜樣和教導施教——母親在教導兒女時，自己也是不斷地在這學校裏學習。她教導兒女學習克己自制的一課時，她自己也必須付諸實行。在應付兒女不同的思想和情緒上，她自己也應有敏銳的

辨別力，否則有誤斷或偏待兒女的危險。她若指望兒女為人親切有禮，自己就當在家庭生活中實踐親切的金律。這樣，他們就會每日在教導和榜樣下重複地學習著。

自稱為基督徒者的行為能影響孩子——只因有許多作父母和教師的，雖自稱是相信上帝真道的人，但在生活上卻否認這道的能力，故此，所教的《聖經》便不能在孩子身上發生更大的效能。有時孩子也感覺到真理的能力。他們看出基督的愛是何等的寶貴。他們看出祂品格的完美，以及奉獻一生為祂服務的可能。但相反地，他們也看見那些自稱尊重上帝律例之人的生活。

父母務必抗拒試探——母親們哪，妳們可以不追隨世俗，而在兒女面前立下忠於上帝的好模範，藉此教導他們拒絕試探。當教導兒女了解，「惡人若引誘你，你不可隨從，」（箴言 1：10）這句箴言的意義。可是妳們若希望兒女能抗拒試探，則妳們自己也務必拒絕試探。成人也須抗拒試探，正如孩子一樣。

當注意聲調像注意言語一樣——父母們不可以為專制是最好的教養方式。他們絕不應當顯出專橫、批評、挑剔的作風。他們所發的言語，說話的聲調，都是給兒女或善或惡的教導。父母們哪，你們若口出苛刻的話語，那便是教導兒女用同樣的語氣說話，而聖靈要使人成為高貴的感化力也將歸於無效了。你們若希望能為兒女盡自己的本分，則恆久忍耐行善是非常必要的。

個人學習單

第九篇：建立品格的基本原理

署名：
_____

日期：
_____

一、閱讀第 170-186 頁。

二、重點複習：

1️⃣ 生活中的哪些教訓是孩子很難忘記的？

2️⃣ 對於孩子教養的奠基，哪幾年是最重要的？

3️⃣ 孩子哪一個時期的教養可以產生最佳的果效？

4️⃣ 父母親大多是在哪一件事情上失敗？

5️⃣ 除了書本的知識外，還有哪些事是孩子在孩子 15 歲前應該學會的事？

6️⃣ 母親可以利用哪些方式引導子女的思想歸向創造主？

7️⃣ 雖然孩子會犯錯，但什麼樣的孩子縱然有時走錯，也決不至迷途？

8️⃣ 父母親及老師的哪種作為會導致孩童不良習慣的養成？

9️⃣ 對於家中的每一人，我們應當如何看待他人的心意與感覺？

🔟 什麼美德應當在孩童的心中留下深刻印象？

⓫ 什麼樣的能力（靠上帝的幫助）存在於每一個孩子身上？

⓬ 我們應當如何塑造並陶冶孩子的意志力？

⓭ 什麼是我們絕不應該對孩子做的事？

⓮ 應教導孩子遠離哪兩項事情？

⓯ 什麼樣的孩子是處在極大的危險之中？

⓰ 孩子應當如何學習溫和待人？

三、自我評分表：

論到自己作為孩子的模範，我的表現是：

優_____良_____尚可_____待加強_____

1 我希望我的孩子在哪些方面像我？

2 我不希望我的孩子在哪些方面像我？

四、問題與討論：

1 討論在 7 歲之前，品格的塑造過程。

2 為什麼對孩子的教養在 3 歲之前就得進行？

3 討論：在魔鬼的影響產生作用前先播下好種。

4 請比較拿破崙、休謨、伏爾泰、撒母耳，以及約瑟等人在孩童時期所受的教育。

5 請討論習慣的養成──習慣養成所花的時間及其方式。

6 為何父母應該在孩童訓練一事上培養自己的辨別能力？

7 請討論人的意志──其發展及克制的養成。

8 在家庭教育方面，我們能承受／擔當教養方面出現危機嗎？

9 為什麼父母親應當保持年輕的思想和心態？

10 探討自制力對於父母及孩子的重要性。

11 探討談話聲調及語氣營造家庭氣氛。

12 已養成的習慣，其影響範圍為何？

五、個人默想：

1 我若事業有成，卻在孩子的襁褓時期忽略了他，這對於我有何益處呢？

2 我應不應該為了求學深造而犧牲孩子？

3 討論：馬利亞本可以賺更多收入使嬰孩耶穌過較優渥的生活，但她卻選擇付出時間來陪伴耶穌成長。

4 我是否設法改變孩子的弱點，以及為了給孩子健康的心思而努力導正他犯的錯誤？

5 我該如何處理個性固執的小孩？

6 我的孩子從我身上學了些什麼？

六、請說出一項我自己在成長後學得的好習慣。

Child Guidance

第 41 章　訓育的目的

最高的目標是自治──訓育的目的就是訓練孩子自治，當教導他自信自制。因此，孩子一到能懂事的時候，他的理智就當運用在順從這一方面。須使他在一切所受的待遇上，能認識順從乃是公正合理的，幫助他看出凡事都在規律的統制之下；悖逆的結果，必至遭受災害。當上帝說「你不可」的時候，祂乃是憑著愛心警告我們悖逆所必有的後果，藉以救助我們免遭損害。

教導尊重父母及上帝的權威──孩子……都當受教導、蒙指示，並受管教，直至他們完全順服父母，尊重父母的權威。照樣，也當將尊重神聖權威的意念栽植在他們的心中，使家庭訓練變成參與天上家庭的事前訓練。童年和青年期所受的訓練，其性質應該是預備孩子能負起其信仰義務，而配進入天庭。

　　一切知識根源的主，曾用下述的話說明我們配進入天堂福地的條件，「那些洗淨自己衣服的有福了！可得權柄能到生命樹那裏，也能從門進城。」（啟示錄 22：14）順從上帝的誡命乃是天國的代價，而在主裏面順從祂的父母，乃是兒女所當學習的最重要的一課。

　　順從當依照原則，而非出於勉強——當將你們對於兒女的要求，切實告訴他們。應當使他們明白，父母的吩咐便是律法，必須順從。這樣，你們便是訓練他們尊重上帝的誡命，因誡命明明地說：「可」，以及「不可」。你們兒女的順從當依照原則，遠勝於出自勉強。

　　完全信賴的教導——因為上帝已經這樣說了，所以亞伯拉罕這位可憐的父親只好舉起那發抖的慈愛雙手，把以撒縛好。這兒子的順服被獻，乃是因他相信父親的純厚忠直。……

　　亞伯拉罕的信心行動，是為我們的益處而記錄的。這件事給我們一個大訓練，使我們知道應當信靠上帝的命令要求，不論我們認為其何等嚴厲直率，也應教導兒女們當完全順服父母及上帝。亞伯拉罕的順從，教導我們沒有什麼東西是太寶貴，而使我們捨不得獻給上帝的。

　　孩子對信賴的反應——應當使孩子感覺到，別人是信賴他們的。他們具有自尊心，而且也希望別人都敬重他們，這原是他們的權利。如果學生們的內心老是感覺到，自己的出入坐立，無論何時何地，甚至在自己的房子裏，都受人監視，有那吹毛求疵的眼睛在注視著

他們，預備隨時批評及報告，這一定會影響他們意志消沉，連遊玩也無快樂可言。這種不斷監視的感覺，遠超乎父母照護的本意之外，甚至更糟；因為聰明的父母往往能技巧地覺察孩子的實在情況，辨識其內心的愛好，或於試探的勢力下所引起的不安表現，而設法消除他們的惡念。可是這樣繼續的監視，並不是自然的常態，反而造成其原欲避免的罪。孩子的健康，有賴乎運動、愉快、和周圍有歡樂的氣氛，因為這些才能養成健全的身體和勻稱的品格。

克己自制好過專制統治——有許多家庭的孩子，在受訓練的時候，顯然是教養甚佳，但到了各項規定或制度撤除了，他們似乎是茫然無法自行思想、行動、及決斷。這樣孩子久受嚴格紀律的管教，甚至在各項本應善為自思自行的極為正當的事，父母也不讓他們自行思慮及行動，以致他們對於實現自己的見解，及保持自己的意見，都失去了自信的心。到了他們要離開父母而自己行動時，他們很容易受別人的見解引導到錯誤的方向去。他們沒有穩定的品格，因為沒有讓他們儘量敏捷而廣泛地運用自己的判斷力，所以他們的心思就沒有正當的發育及增強。他們久受父母的專制統治，以致完全倚賴父母，父母就成了他們的心思及見解。

從另一方面說來，也不應當讓孩子在思想及行動上獨立，到不聽父母教師們的見解。應當教導孩子尊重那些有經驗的見解，並受其父母教師們的引導。……應當這樣教育他們，使他們的心思可與父母教師們的心思合一，並要這樣訓導他們，使他們能看出聽從父母教師

們的勸導的確有其道理。這樣，在他們離開父母教師們的引導之手以後，他們的品格就不至於像蘆葦在風中搖動一樣了。我們若正當合適地指導孩子們，照其能力所及與其心思所屆，去自行思想及行動，就可使他們有成長的思想，有自尊的感覺，及有辦事能力的自信心；反之，若無這種教導，而僅施以嚴格的訓練，那就要養成一班心力意志力脆弱的人了。等到他們立身處世，自己行動時，他們就暴露自己實際上所受的乃是像動物一樣的訓練，而非受過教育了。他們的意志未蒙循循善誘，而是受父母教師們的粗暴懲戒所制服。

不可支配別人的心思——有些父母教師揚言自己能完全控制和管教孩子的心思及意志，但他們若能揣想到這些被暴力及畏懼所制服的孩子，他們的未來生活情形，他們就要停止誇口了。這些孩子簡直完全沒有預備好去分擔生活的重大責任。當他們不再受父母教師們的管教，而不得不自行思想及行動時，他們幾乎一定會行於錯誤道路及屈服於試探之下。那些以能幾乎完全控制學生的意志而沾沾自喜的教師，也許孩子暫時所表現的成績很可能得意，但他們畢竟不是最成功的教師。

上帝從未要求一個人的心思當受到另一個人的完全支配。凡盡力設法使學生的個性與自己的個性同化，並使自己作他們的心思、意志、及良心的人，乃是負上可怕的責任。這些學生在某等情形之下，看來似是受過良好訓練的兵丁，但是到了約束解除之後，他們就會顯出心中缺乏堅定道義所產生的自主能力了。

第 42 章　開始管教的時候

兒女忤逆乃末世兆頭之一——末世兆頭之一乃是兒女不順從父母。不過，父母們有否體悟到自己的責任呢？許多人似已忘記自己應該時刻照顧兒女，禁止孩子放縱惡慾，及任由他們恣行。

兒女是主所賜的產業，父母若不教導兒女，使其能遵主的道理而行，他們便會成為暴躁、粗野、無禮貌、不順服、忘恩負義、心不聖潔、任意妄為、自高自大、愛宴樂不愛上帝的人。經上已清楚記載，社會上有此現象，乃末世的一種預兆。

溺愛的父母抵銷天國的秩序——天國有完全的秩序，完全的和諧與融洽。凡在今生輕視秩序紀律的，也必輕視在天上所應守的秩序。他們絕不容許進入天庭，因為凡配進去的人，都是愛護秩序及重視紀律的。人在今生所陶冶的品格，將決定其來生的命運。當基

督降臨之日，祂必不改變每個人的品格。……

何時當開始管教——在孩子開始選擇任從自己的意願而行時，就當給他開始管教的教育。這或者可稱為無意識的教育。往往那最幼小的嬰孩，也會顯出非常倔強的意志來。倘若不使這樣的意志降服於那比孩子未蒙訓練的慾望更智慧的權威下，撒但就要控制其心思，而按照自己的意思來模造孩子的癖性了。

家庭管教當列為首要任務——許多人常以牧師、教師，與其他被稱為有學問而虔誠的人物為藉口，聲稱如果那些有優越才能的人在管理家庭的事上都失敗了，那麼我們這些比他們還為遜色的人自然不會成功了。無論何人，不管其具有何等的天賦與有用之才，若只專注於個人的事業而忽略了自己的兒女，我們都認為他們沒有向上帝或世人盡了最佳的榜樣。

第 43 章　家中的管教

有良好規律和管教的家庭——自稱為基督徒的人有義務向世人表現自己有良好規律和管教的家庭，也就是那顯明真實基督教之能力的家庭。

《聖經》中所立的標準竟被一些父母們廢掉了，因為他們不願意使用那所謂「嚴格的管束」去教育其兒女。許多父母也堅決不滿《聖經》所提的聖潔原則，因為這些原則將太多的責任加在他們身上。可是在事後反省之下，父母不能不承認惟有上帝的道路最好，而唯一的安全幸福之道，乃在乎遵行祂的旨意。

約束兒女並非易事——根據目前社會情形，父母要約束兒女，以《聖經》的行善規律來教導他們，並非易事。當他們欲照《聖經》的律例訓練兒女，像當年亞伯拉罕那樣吩咐家人眷屬效法他時，兒

女卻認為父母過於慎重，不必要這樣嚴厲。

對於約束的誤解——父母們哪，你們若希望能蒙上帝賜福，就當效法亞伯拉罕。制止邪惡，獎勵善良。有時命令可能比顧惜兒女的傾向與喜愛更好。

容任孩子隨其本性衝動，乃是讓他墮落及熟習行惡。賢明的父母絕不會向兒女說：「任從你們去選擇，隨你們的心意行，你們願意作什麼就什麼。」而乃是說：「你們要聽從主的教導。」父母必須擬定並執行聰明的規則與律例，以便美好的家庭生活免受破壞。

亞干全家為何滅亡？——你們曾否思量到何以凡與亞干有關的人都成為上帝施行刑罰的對象？這是因為他們沒有按照上帝所指示的標準接受訓練及教導。亞干的父母教導他們兒子的方法，竟使他認為自己可以自由違犯聖言。他一生所反覆受教的原則，使他也以同樣的方法對待他的兒女，以致他們也受敗壞。心與心能起反應作用，而所降的刑罰便包括亞干和他的親屬在內，顯明在犯罪的事上他們也都有分的事實（參閱創世記 18：19）。

沒有偏愛的餘地——父母偏愛兒女原是天性。尤其這些自認孩子有優異天賦的父母們，必會看自己的兒女比別人的更卓越。因此許多在別人身上要受嚴厲譴責的行為，但在自己兒女身上卻被看為聰明能幹。這樣的偏愛雖說是出於自然，但卻是不公正及非基督化的。我們若容許兒女的缺點而不加以糾正，對他們乃是大害。

克服生來倔強的氣質——有些孩子生來就比其他孩子更倔強、不服管教，以致成為不受歡迎及令人厭惡的孩子。母親若缺少智慧處理這樣的性格，就必造成最不幸的境況；因這樣的孩子要隨己意而趨於滅亡。可怕的是孩子喜愛倔強的性格不單出現於幼年時期，甚至在成年時也是如此；而且因為在幼年時缺少和諧合意，到了成年時，也會對那未能約束兒女的母親，懷恨及不親善。

切不可對孩子說：「我真拿你沒辦法！」——永遠不要讓兒女聽到你說：「我真拿你沒辦法！」只要我們還有機會親近上帝的寶座，我們作父母的便當以說這樣的話為可恥。當向耶穌祈求，祂必幫助你們將兒女帶到祂面前。

殷勤研究家庭管理的方法——我曾聽見有些母親說，她們沒有別人那樣治家的才幹，她們沒有這種天賦。凡自知有此缺欠的人，便當殷勤研究這家庭管理方法的課題。若非事先加以深思熟慮，就不當接納他人所謂最有價值的建議。因這些建議可能不適合於每一母親，也可能不適合於家中每一兒女的個性和氣質。母親當細心研究別人的經驗，注意他們的方法與自己的有何不同，並慎重試驗那似乎有真實價值的建議。若某種管教方式沒有收到預期的效果，則當試驗另一種方式，並小心注意其後果。

母親們應比其他的人更慣於思考研究。假如她們能恆心去做，就會發現自己正逐漸獲得自己認為缺少的天賦，也漸漸地學習用正

確的方法陶冶兒女的品格。這種工作所付出的思慮辛勞，其後果必在兒女的順從、簡樸、文雅、與純潔上顯示出來，而且這收穫必在將來豐豐富富地報答其所盡的一切努力。

在管教上父母應合一——父母若在管教的事工上同心合意，兒女就了解所求於他們的是什麼？可是那父親若以言語或容色示意不贊成母親所施的管教，假若他認為母親太過嚴厲，並以為他可藉溺愛和放任而補償母親的苛刻，則兒女必被敗壞。同情姑息的父母將必施行欺騙，而兒女也必易於發覺到自己是可以隨意而行。父母若在兒女身上犯了這樣的罪惡，是要為他們靈命的滅亡負責任的。

若任性違命、不服約束，則當嚴加管理——有些溺愛而貪好安逸的父母，竟不敢在其倔強的兒子身上執行適當的權威，免得他們會逃離家庭。這樣的孩子寧可讓他如此行，勝如留在家裏享受父母的充足供給，而同時卻踐踏一切屬人和屬神的權威。父母應當對以離家為威脅的孩子這樣說：「孩子啊！你若決意要離開這家，以為這樣可勝於服從那正當的家規，我們不會攔阻你。假如你指望世人待你會比從小照顧你的父母更好，這種錯誤非你自己發現不可。那時你若要回到父親的家，再服從他的權威，我們將歡迎你回來。一切的義務是雙方互相的。當你有衣有食和有父母照顧時，你便有義務要順服家庭的規則和適當的管教。我的家絕不容許菸草的臭味、不敬的話語、和飲酒等作為所玷污。我希望有上帝的天使來到這個家中。你若一意孤行，那麼，你就和你所愛的東西在一起，好過住

在家裏吧！」

這辦法會阻遏成千上萬的人沉淪。可惜許多孩子往往知道自己即使儘量作惡，仍有一位不聰明的母親會為其辯護，並遮掩其過犯。許多逆子因父母無勇氣去遏阻他們而洋洋得意。……他們不強迫兒女順從。這樣的父母乃促令兒女放蕩，並因他們不智的放任而使上帝蒙羞。這些背逆成性敗壞墮落的孩子，便是在各學校中最難管束的分子。

行善不可喪志——父母的工作是接續不斷的。不宜一曝十寒，時作時輟。許多人起初致力於這工作，卻不願恆心繼續下去。他們渴想從事一些大事業，成就一些大犧牲；而對於須不斷照顧和努力的日常生活瑣事，及時刻需要修剪和訓練的剛愎性癖，和那須指導、譴責、或鼓勵等一點一點地去做需要之工，反而退縮不前。他們希望兒女能一蹴而登，立刻改正其錯誤和養成良好的品格，而非逐步攀升，以致所望不能立時實現，便感沮喪不已。這樣的人應當記得使徒的話而振作起勇氣來：「我們行善，不可喪志；若不灰心，到了時候就要收成。」（加拉太書6：9）

誦讀《聖經》的忠告——當兒女犯錯誤時，父母應分點時間為他們念誦一些有關《聖經》上的教導，以作合適的忠告。在他們受試煉、被試探、或沮喪時，向他們述說經中寶貴安慰的話，仁慈地引導他們信靠耶穌。這樣，那幼稚的心思便受指引仰慕那純潔高貴

的題旨。在以人生的各重大難題，和上帝對待人類的作為，來向他們悟性啟發時，他們理智的能力便得以運用，判斷力隨之出現，而神聖真理的教導也將銘刻在他們的心版上。父母若能日復一日如此陶冶兒女的品格，則將使他們配享受將來的永生。

第 44 章　糾正錯誤的教育

懇求主進來管理一切——假若你的兒女不肯順服，就當給予糾正。……然而在沒有開始糾正他們之先，你應當先求主使你兒女的心軟化順服，也求祂賜你智慧來對待他們。據我所知，這方法沒有一次失敗過。當心裏被兒女激怒時，你是無法使孩子理會那些屬靈事物的。

　　然而妳們若是不能克己自制、沒有秩序、思考、及禱告，而竟意圖管理兒女，妳們將必收穫悲痛的後果。

不可在忿怒中施行糾正工作——你當憑愛心糾正兒女的錯誤，不讓他們隨己意而行。不要直至你怒氣發作時，才去責罰他們。這樣的矯正，無非是增進邪惡，而不會得到補救。

你認為上帝不會知道這些矯正兒女的不良方式嗎？祂是知道的，祂也曉得矯正工作所當採取的方式，若能得著兒女的好感而不打擊他們，可得何等有福的結果。……

我勸你不要在動怒的時候去糾正兒女的錯誤。若無可奈何而必須矯正孩子，也不可高聲喝罵。……應當盡力控制自己。父母若在矯正兒女時發怒，則其錯誤比兒女的更加重大。

「情緒不佳」不可成為暴躁的藉口——有時父母原諒自己的過錯，說是當時的心情不好。他們神經緊張，認為自己無法忍耐、鎮靜、及快樂地說話。他們這樣，乃是自欺，並使撒但開心，因為他們沒有認清上帝的恩典足供他們克服其天生的弱點。他們是能夠並且可以時時自制的。這是上帝要他們行的。

父母們哪，當你感覺不耐煩時，就不當犯言大錯，讓這危害性暴怒毒害了全家的人。在這樣的情境下，自己就當加倍慎重，決志使口中所說的皆是和悅愉快的話語。由於如此運用自制的能力，你們便會愈發剛強起來。你們的神經系統也不會那麼容易受刺激。……耶穌曉得我們的軟弱，祂也有過我們一切的經驗，只是沒有犯罪；因此祂已為我們預備了一條合乎我們的力量和可行的道路。

有時似乎在家中事事都不順利。大家都容易發怒，似乎各人都感到困惱與不愉快。父母歸咎於可憐的兒女，認為他們不順服而倔強，是世上最壞的兒女；可是真正的問題卻在於他們自己。上帝要

求他們實行自制。他們應該明白，自己在不忍耐與易怒時，也是使別人受苦。他們四圍的人都受他們所顯示的精神所影響，而且當這些人都表現同樣的精神時，禍害就有增無已了。

緘默具有不可思議的能力——凡希望管理別人的人，必須先管理自己。……父母或教師每遇不勝其煩而易出言不慎時，就當保持緘默。緘默是具有不可思議的一種能力。

少發命令；令出必從——母親們應當慎重，不可作任何不必要的要求，而想在別人面前顯示自己的權威。當少發命令，但所發出的命令都必須得到順從。

在管教兒女的事上，不可放鬆自己已命令他們當作的事。不可讓你的心思專注於別的事上，以致自己逐漸疏忽。也不可因兒女有時忘記而去作你所禁止的事，便厭倦自己監護的責任。

一切所發出的命令，其目的當在使兒女獲得至上的益處，並且發出命令後，務要使他們遵行。你的魄力與決斷都當始終不變，然而還須時時服從基督聖靈的引導。

處理疏忽的孩子——當你要兒女去作某一件事時，他回答說：「知道了，我一定去做。」隨後卻疏忽了而沒有履行他的諾言，你不應就此了事。你務須使兒女為這疏忽負責。你若不加注意地將這事放過，便是教導孩子養成疏忽與不忠的習慣。上帝給每一孩子管

家的義務。兒女當順從父母。他們須幫助分擔家中的責任；當他們疏忽不做所派定的工作時，務要責問他們，並命令他們去作。

急躁而間斷的管教後果——孩子犯錯誤時，他們自己會感悟有罪，並含羞難過。指責他們的錯誤，結果往往會迫使他們倔強而愈是心裏保密。像一頭不羈的小驢，他們似乎故意激動找麻煩，責罵他們是無益的。父母當盡力使他們的意念轉移他處。

但困難的關鍵在於父母的管教沒有始終一致，行事根據衝動過於根據原則。他們輕易發怒，不給兒女看到基督徒父母所當有的榜樣。今日他們對兒女的錯行視若無睹，而明日他們卻顯示出毫無容忍與自制的能力。

父母所給予的不當對待，有些孩子很快會忘記了；但有一些孩子，卻永不能忘記所遭受的無理與不當的苛罰。這樣，他們的心靈便受了傷，心思也昏亂了。如果你的心情那麼寧靜，那麼全無氣憤的表現，兒女就會認定你是愛他們的，縱使有時你責罰他們，也仍是如此。

有時誘導比刑罰更有效——有一女孩，若不能隨心所欲時，便習慣在地板上打滾。我向她說：「妳今天若一次也不發脾氣，妳伯伯懷先生和我要帶妳坐馬車，到鄉間旅遊。可是，妳若在地板上滾一次，這享樂的權利就要被取消了。」我在這些小孩身上，看到此法很成功，現在我心裏感激，曾有權利從事這樣的教養工作。

處理錯誤的行為要快速、賢明、而堅決——背逆必須加以懲罰。錯誤必須予以糾正。迷塞孩子之心的罪惡，父母和教師務必設法應付並克服之。應該快速、賢明、而堅決地處理過錯。

有時須用責打的杖——母親或問：「難道我永遠不該處罰孩子嗎？」在別種方法全都失效時，或許該施行鞭撻，但若可以避免，則仍不宜使用責打的杖。可是比較溫和的方法若仍有缺欠，就當憑愛心給予懲罰來使孩子覺悟。在孩子的一生中，此種矯正方法往往只行一次就夠了，這要使他明白他犯錯之處。

若是必須採取這樣的手段，就使兒女深自感悟，此等責罰，並非為求父母的滿意愉快，或放任專橫的權威，而乃是為孩子的益處。

最後的手段——你往往會發現若以仁慈的心懷和兒女理論，便毋須鞭撻他們，而且此種方法對待他們，必使他們信任你。他們會視你為心腹好友。他們會來你面前向你說：「我今天某時犯了錯誤，求你饒恕我，並且請你求告上帝饒恕我。」……我存心感謝，因當兒女犯錯誤時我有勇氣以堅決的手段處理他們的過犯，與他們禱告，將《聖經》的標準立在他們面前。我也心裏喜悅，因我將賜給得勝者的應許和忠信的人所要獲得的獎賞，指示了他們。

永不施予怒形於色的責打——永不可在盛怒之下責打兒女，除非你要他們學會怎樣爭吵和打架。你們作父母的人，在兒女之前乃是代表上帝，故當謹慎警惕。

　　或許你出於無奈而必須要用杖責打兒女；有時此舉殆屬必要，但當先明白了自己的心情之後，這才著手處理難題。要捫心自問：「我是否已將自己的作為和意念都歸順於上帝？我有否讓上帝可以支配我自己，以致我能以智慧、忍耐、親切、與仁愛的心去處理家中倔強的一分子呢？」

　　警告一位易怒的父親──「弟兄啊，你有否顧念到一個孩子到底是什麼，以及他將來要往何處去？你的兒女都是上主家裏的幼小分子──是天父交託你的產業，要你訓練教導他們進天國。當你屢次以粗暴的手段處置他們時，你曾否顧慮到將來上帝必要你為此交帳呢？你不該以這樣粗暴的手段對待兒女。孩子並非犬馬，要聽從你這種無理專橫的驅使，或要在任何的情境下為棍子鞭子所控制，或怒加掌摑。有些孩子性情固然十分惡劣而必須受點痛苦，但就大多數的情況而言，若施用這樣的管教，則害處更大。……

　　除非你能良心無愧地跪在上帝面前，求祂賜福你將要施行的矯正，就不當舉起手來責打兒女。當激發起你兒女心中的愛。要向他們提到實行自制的高尚而正當的動機。不當使他們認為因你是這樣的專橫暴虐，因他們是弱者而你卻是強者，因你是父親而他們是兒女，就不得不服從你的管理。你若希望敗壞自己的家，只須繼續以獸性的暴力轄管家庭，就必定如願了。」

　　切勿以手猛烈搖撼兒女──許多父母從未給予兒女正當的教

育。他們往往顯出與其兒女同樣的缺點。他們飲食不當，以致他們的活力都集中於腸胃，無力展開其他的活動。由於自己沒有耐心，他們不能好好地管束兒女；也不能教導他們行走正路。他們不耐煩地只知用粗暴的手責打兒女。孩子若犯了錯，如以手搖猛烈撼他，那只有使孩子更壞而已，那是不會使他順服的。

先要與兒女說理及禱告——首先要與兒女說道理，清楚指出其錯誤。使他們體悟到自己不但得罪了你，也得罪了上帝。你當為犯錯的兒女滿懷憐憫與憂傷，與他們禱告之後才去糾正他們。這樣，他們便會明白你責罰他們，並非因他們攪擾了你，或因你要在他們身上發洩忿怒，乃是由於責任感，為了使他們獲益；這樣，他們就會敬愛你了。

所獻上的祈禱，在他們心裏有了印象，使他們體悟到你並非不講理。若使孩子發現到你作事是合理的，你就獲得一場大勝利了。在這末世時代，這正是我們家庭範圍內所該推進的工作。

禱告在管教中所收的效果——你若是一個基督徒父母，在要使兒女肉體受點痛苦前，就當顯明自己對這犯錯孩子所存的愛心。當你和孩子同跪在上帝之前時，就當在那富有同情心的救贖主面前提述祂自己的話，說：「讓小孩子到我這裏來，不要禁止他們，因為在上帝的國的，正是這樣的人。」（馬可福音 10：14）這樣的禱告會使天使來到你身旁。你的兒女也不會忘記這種經驗，而上帝所賜

的福必配合這些教導，引領他歸向基督。當孩子們覺悟到父母這樣全力幫助他們，則他們必將其精力發揮於正當的方向。

個人的管教經驗——當我的兒女年幼時，我從不讓他們以為他們可以讓我感到煩惱。我也曾經接別人家裏的孩子在我家裏與我的孩子一同養育，可是我也從不讓他們以為自己有權使他們的母親感到煩惱。我從未容許自己說一句苛刻的話語，或向兒女顯示不耐煩或暴躁。他們從未勝過我——連一次也沒有，來激我發怒。有時我的精神受刺激，或稍微感到被激怒，我就說：「孩子們，算了吧！現在我們再也不提這事。等到就寢前，我們再討論這個問題。」既有那麼長的時間來反省，到了晚上他們冷靜了，不再激動了，我就可以好好處理。……

有正當的方法，也有錯誤的方法。我在沒有和孩子們講理之前，從沒有舉手打他們。如果他們的態度軟了下來，如果他們看明自己的錯誤（每次將他們的錯誤指出來，並與他們禱告之後，他們總會這樣的），如果他們順服（我每次如此行，他們也每次順服），便接受了我的管理。我從沒有發現他們有什麼別的態度。當我和他們禱告時，他們似乎心碎的樣子，以手臂摟抱我的頸項痛哭著。……

當我矯正兒女行為的時候，我不許自己的聲調有絲毫的改變。若我偶爾發現情形不對，我便等待怒氣消退，讓他們有反省的機會後而心感羞愧，然後我才處理他們的事。我若讓他們有一兩個小時

去思想這些事，他們總會感到慚愧。我每見有這樣的情形，就躲到旁邊去禱告。避免在當下和他們說話。

在將他們一時撇在一邊之後，他們就來到我面前問個究竟。「好！」我就回答他們，「等晚上再說吧！」到了那時，我們便一同禱告，然後我就向他們說：「這樣錯誤的行為是害及你們自己的靈命，並使上帝的聖靈擔憂。」

須用時間祈禱——當我感到煩惱時，會受試探說出感到羞愧的話語，我便緘默而立刻離開那房間，去求上帝賜我忍耐的心，好教導這些兒女。隨後我便回去與他們交談，告訴他們再也不要犯這樣的錯誤。關於這事我們可採一種不至於惹兒女生氣的立場。我們發言時當態度親切忍耐，時時記得自己是怎樣的頑強，自己希望天父要怎樣對待我們。

這一切都是父母必須學習的教導，而當你們學好了這些功課，就可算是基督學校中最好的學生，而你們的兒女也要成為最好的孩子了。

管教的痛苦與事後的快樂——孩子年幼時疏忽訓練，結果養成許多不良的傾向，造成他日後更難管教，以致訓育就往往成了一件痛苦的事。這對於低下的本性固然是很痛苦的，因它原與天賦的願望和傾向相背，但想到那更高的喜樂，這種痛苦便不足介意了。

　　教導孩子明瞭每一項錯誤，每一種過失，以及每一件困難，一經克服，便成了達到更高尚更美好之事的墊腳石。凡一生有作為有價值的人，都是藉著這種經驗而達到成功的。

　　上帝不會接納違背祂的人進入祂的國度。祂以服從其命令為特別的條件。父母當殷勤教導兒女，主說的是什麼？上帝必向天使和世人顯明，祂要在其子民的周圍修築保障。

第45章　憑愛心堅定行事

兩種方式及其結果——有兩種處理孩子的方式——它們的原則與結果，也有極大的差別。愛心有一個孿生的姊妹，那就是責任。愛心與責任是並肩而立的。單有愛心而忽略了責任，就會使孩子強項、頑固、偏執、自私、及背逆，但若是只盡嚴厲的責任，而沒有愛心去軟化及博得他們的心，也必有類似的結果。若要適當地訓練孩子，就當以愛與責任兼施並濟。

體諒童稚的愚昧——「你們作父親的，不要惹兒女的氣，」（以弗所書6：4）這乃是一道神聖的命令。當記著兒女年紀還小，經驗尚少。在管理和訓導他們的事上，宜堅決而同時又宜溫和。

孩子並非常常都能辨別是非，很可惜當他們犯錯時，往往遭受到嚴厲的對待，而非得到親切的教導。

同情妄行叛逆的孩子——我認為父母們有以基督的智慧去處理其犯錯兒女的必要。……這些看似無望的孩子，實在需要極大的忍耐與親切，最仁慈的同情。可是許多父母卻常顯出冰冷而毫無憐憫的精神，這是絕不能引領那犯錯孩子悔悟的。

救主的規律：「你們願意人怎樣待你們，你們也要怎樣待人，」（路加福音6：31）也當作為負責訓練孩子的規律。他們原是上帝家裏的年輕分子，是與我們一同承受生命之恩的。對那最遲鈍的、最年輕的、犯大錯的，甚至對那妄行叛逆的人，都當恪遵基督的規律。

盡可能隨時予以讚許——孩子若有好行為，就當稱讚他們，因為賢明的讚許對他們是大有裨益的，你們盼望兒女將來成為家長時要作怎樣的人，自己就當作怎樣的人。你們希望他們怎樣說話，自己就當怎樣說話。

保持良好聲調——說話當時時顯出鎮靜而帶著誠懇的聲調，其中毫無忿怒的表示。你的怒氣未必能使你立即得到孩子的順服。

無論你們受何刺激，也要慎防自己的聲調表露忿怒的情緒。不要讓他們看到你們表現撒但的精神。因為這對於訓練兒女配享將來永生，是無補的。

公正當與憐憫結合——「慈愛和誠實，彼此相遇；公義和平安，彼此相親。」在這規律之下的家庭，必行在主的道路上，秉公行義。

父母們若以專橫霸道的方式來治家，乃是製造可怖的錯誤。這樣非但得罪了兒女，也得罪了自己，你已在他們幼小心中可表現於仁慈言行的愛心消滅了。當你決意執行懲罰時，要記著她有個攣生的妹妹，名叫憐憫。兩者並存，不宜分開。

保持一貫的堅定，及不動怒的管束——孩子們有敏感可愛的天性。他們很容易歡喜也很容易不快樂。藉著溫慈管教所顯示的仁愛言行，母親能將兒女的心與自己的心相連。一貫的堅定，和毫不動怒的管束，都是每個家庭管教所不可或缺的要素。當以鎮靜的態度說明心意，慎重動作，堅決不變地履行自己的諾言。

當記得自己所犯的錯誤——有時因兒女的行為與你們的告誡完全相反，而使你們感到煩惱。可是，你們有否想到自己也曾屢次與主的吩咐完全相反呢？

尋求神聖助力克勝躁急性情——我願向每一位父母說，你們若有急躁的性情，就當尋求上帝幫助勝過。你們若受刺激顯示不耐煩時，就當進入內室，跪下求上帝幫助你們，以便能在兒女身上發揮一種善良的感化力。

母親們哪，當你們感到不耐煩而要嚴厲處罰兒女時，你們並非學習基督，而是向另一主人學習。耶穌曾說：「我心裏柔和謙卑，你們當負我的軛，學我的樣式；這樣，你們心裏就必得享安息；因為我的軛是容易的，我的擔子是輕省的。」你們若覺得自己的工作

很難，你們若埋怨那困難與試煉，你們若說自己無力抗拒試探，自己無法勝過急躁之弊，然而度基督化的人生乃屬艱辛之舉，這時就可確知自己並非負著基督的軛，而是負著另一個主人的軛。

個人學習單

第十篇：訓育與施行管教

署名：

日期：

一、閱讀第 192-217 頁。

二、重點複習：

1 管教的真正目的是什麼？

2 能進入天庭的條件是什麼？

3 年輕人在自尊心上有什麼樣的權利？

4 孩子在哪些方面應當越早練習思考及自己行動越好？

5 對於試著自行管理自己的孩子，我們應當如何反應？

6 孩子的管教應當從哪一刻開始？

7 為什麼有些父母會抗拒聖經所說的管教原則？

8 什麼樣的罪在現今非常普遍？

9 上帝會要求誰為任性妄為的孩子負責？

10 兒女們應當順服父母的管教多久？

11 孩童應當如何教訓？

12 我們應當如何處理孩子疏忽、不負責的習慣？

13 責打的體罰只能用在什麼時候？

14 為什麼絕對不可以在盛怒下，用粗暴手責打孩子？

15 在管教之前，父母應當先做哪兩件事？

16 每一項錯誤及過失，經歷克服後都會變成什麼？

17 愛心的孿生姐妹是誰？

18 什麼樣的孩子最需要同情？

19 公義的孿生姐妹名叫什麼？

20 孩子應當受哪兩方面結合的權威來管轄？

21 每個家庭在管教上不可或缺的三個要素是什麼？

22 父母應當在自己過安樂生活之前，為子女多顧慮什麼？

三、評估你自己作為管理師的表現：

慈愛仁厚的_____有原則的_____ 善變的_____冷漠嚴厲的_____

1 在採取任一作法之前，我都會先進行了解：

2 在作法實施之後，我通常會怎麼評估自己：

四、問題與討論：

1 管教的首要目的為何？

2 在孩子的自治方面，我們的標準為何？

3 為何放任的父母會失去天國的福氣？

4 如何要求我們的子女跟隨我們（如同亞伯拉罕所行的一般）？

5 我們應當如何學習家庭管理的原則？

6 討論父母對於管教的一致性。

7 談談在怒氣下的管教。

8 談談以體罰來管教孩子。

9 討論禱告的重要性以及在孩童管理上的合理性。

10 對於任一家庭而言，什麼是最大的禍害之一？

11 父母可以借福音事工或別的呼召，做為疏忽管教子女的理由嗎？

12 對於一個想逃家的少年，我們應當如何回應？

五、個人默想：

1 我為什麼要教導孩子順服——是為了自己方便，還是為了他的益處？

2 我的家庭在世人眼前呈現的，是什麼樣的家庭？

3 若我發現某管教辦法行不通，我會繼續採用、試試其他方法，或是乾脆放棄？

4 若父母在管教方法上意見相左，這對孩子會有何影響？

5 我平日是沉默寡言，還是聒噪不堪的人？

6 我平日吩咐孩子的事，都有確實做到嗎？

六、說出一項我曾經實行過、且對家中有益的管教辦法。

錯誤的管教

Child Guidance

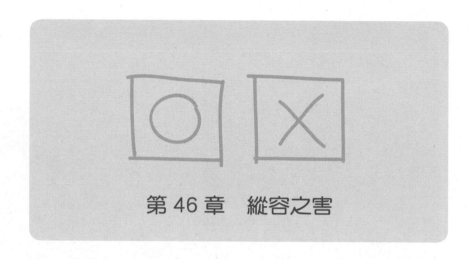

第 46 章　縱容之害

縱容導致不安與不滿——有些家庭，孩子的願望就如同律法一樣。他要什麼，就有什麼。凡他所不喜歡的，便鼓勵他不喜歡它。一般人以為如此縱容會使孩子快樂，其實，這些只有使他不安、不快，及什麼也不滿意。

以利沙對無禮少年的有效譴責——對於剛愎的孩子我們必須如此容忍，這種想法乃是一個錯誤。當以利沙開始負起他的任務時，他被伯特利的頑童們嘲笑戲弄。他為人極其溫和，然上帝的靈卻催逼他咒詛那些嘲笑者。原來他們曾聽見以利亞昇天的事，竟將這嚴肅的大事作為嘲笑的話柄。以利沙表明了無論老幼都不可輕慢他神聖的職務。當他們對他說「上去吧！」，像以利亞先前上去一樣，他便奉主名咒詛他們。臨到他們身上的可怕刑罰，乃是自上帝而來

（參閱列王紀下 2：23 － 24）。

從此以後，以利沙再沒有什麼困難來阻礙他的使命。五十年之久，他從伯特利的城門進出，來往於諸城市間，遇見成群最惡劣最粗暴的閒懶放蕩青年，可是連一次也沒有人敢於嘲弄他，或小看他作至高者先知的資格。

不可用甜言蜜語勸誘——許多父母滿足兒女一切不合理的要求，或以哄騙的方式以求一時安靜，因為這種方法更易於擺脫孩子們強求，然而這種縱容方式卻埋下孩子日後悖逆的種子。

不可信孩子的話過於他人的話——父母不當將兒女的過犯輕易地放過。當一些誠摯的親友將這些過錯指出時，父母不該認為此舉乃侵犯其權限和被人攻擊。每個孩子的生活習慣都與社會的福利有關。一個孩子的錯誤行為，會引許多人心也走上邪惡的道途。

莫讓兒女認為你們會相信他們的話，過於相信年長基督徒所講的話。如果如此，你們便是給他們最大的害處了。只因你們說，我相信我兒女的話，比相信那些上帝兒女們的明證為更有力，那麼，你們乃是鼓勵他們養成說謊的習慣了。

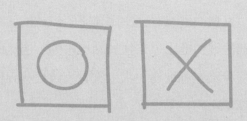

第 47 章　管教鬆懈與後果

現代的以利——父母若對兒女所犯的過犯加以容忍像以利一樣，上帝必使他們覺悟到，他們非但敗壞了自己的感化力，同時也是敗壞了自己應予約束的孩子之感化力。……他們必要從許多痛苦中學取教訓（參閱撒母耳記上 3：12 － 13）。

唉！那隨處可見的現代以利們，對於兒女的胡作亂為還在給予辯解，但願他們能迅速而斷然地執行上帝所賦的權威，約束及糾正其孩子們。又願父母和監護人們記著，寬恕原諒在他們照顧下的孩子所犯的罪，自己乃是幫同他們犯錯誤。假使父母不容兒女過度放縱，不惜勤動刑罰的杖，不是出於忿怒而是本著愛心與祈禱而行，則今日所出現的，將是一個更快樂的家庭，與更良好的社會了。

以利的疏忽明顯地擺在世上一切父母的面前。由於他那未曾聖

化的愛情，及他不願盡義務，因此他在兩個敗壞的兒子身上收割了罪惡的產品。那容許罪過的父親，和犯罪作惡的兒子們，都在上帝的面前有罪，祂也不悅納他們的任何贖罪祭或供物。

　　品格不良者成為社會之害──啊！父母們要到幾時才會有此智慧呢？他們要到幾時才能看明並體悟到，自己不照《聖經》的教導去命令兒女順服與尊敬，這樣忽略工作有何後果呢？這樣鬆弛的訓練，其後果將在兒女離家進入社會而成立了自己的家時，顯明出來。他們使父母的錯誤持續下去。他們還將自己所養成的品格上的不良嗜好、習慣、與性情一直遺傳下去。這樣，他們非但不是社會之福，反而成了社會之害。

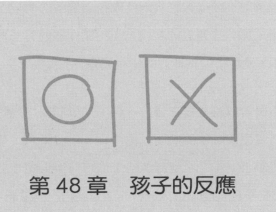

第 48 章　孩子的反應

對孩子受刺激以致生氣的反應——有命令囑咐孩子當「在主裏聽從父母，」可是作父母的也奉勸「不可惹兒女的氣，」（歌羅西書3：21），免使他們沮喪。

我們往往是惹氣多於勸導。我曾見一位母親從孩子手中奪取那正使孩子特別快樂的玩具。孩子不明其故，自然而然地覺得自己受了委屈。於是母子發生口角，繼之是孩子受到苛刻的責打。自外表看來，這事似已了結，然而這次的爭執卻在孩子弱嫩的心田中留下了一個不易磨滅的影響。這位母親的行為是不聰明的。她沒有研究因果的關係。她那嚴峻不智的行動激起了孩子心中最惡劣的怨忿，而且每遇同樣的局面時，都要激起孩子的怒氣，而且變本加厲。

對嚴厲管教的反應——過度的管教，太多的批評，不必要的繁

文苛例，卻會導致孩子蔑視權威，甚至終究不在意基督所望大家要遵守的規律。

父母們哪，難道你們不能看明嚴厲的話語會激起反抗嗎？當你們責罵兒女，和當你們以忿怒的手擊打那幼小無力自衛的孩子們時，你們有沒有捫心自問，這樣的待遇若加諸自己的身上，結果將要如何呢？你們有否想到自己對於橫加責難的話語是多麼敏感嗎？當你們以為別人不賞識你們的才能時，自己是否覺得已受到傷害呢？你們也不過是已長成的孩子而已。所以你們應顧慮到，當你們向他們講出苛刻冷酷的話語，和嚴厲地處罰其犯錯時，兒女的感想該是怎樣。在上帝的眼中看來，他們所犯的過錯，還不及你們對待兒女的一半那麼嚴重呢！

對常發命令與斥責的反應——有些父母因為不能自制，他們沒有和氣地叫兒女們作這作那，只是粗聲厲色地下命令，同時口中卻吹毛求疵，亂加無理指責，造成孩子沒有把他們的心放在事上，他們作事勉強，毫無快樂。這種情形往往使他們忘了照你們的全部吩咐而行，結果又增加了你們的躁怒。終至他們變成灰心喪志，對於凡事無所喜惡，養成了一種「不在乎」的精神。他們離開了家庭，離開父母，到外面去尋歡作樂。因為在家中沒有快樂，就去與街頭遊伴相混，不久就墮落成了極壞的孩子。

對不公平的反應——凡屬不平的事，孩子都非常敏感，而且有

些孩子會因此而沮喪，他們不怕大聲怒氣的命令，也不介意刑罰的威嚇。往往孩子之所以存心反叛，乃因父母所施的錯誤管教而致，認為父母不公平，父母若採取合宜的行動，讓兒女了解，則兒女會養成良好的品格。

對揶揄和嘲罵的反應——他們（父母們）無權發怒、責罵、及嘲諷。他們永不該嘲罵兒女如何性情剛愎，因為這性情的特質，原是父母傳給他們的。這種管教的方式絕不會治好這個痼疾。父母們哪，你們當以《聖經》中的律例來勸導和譴責剛愎的兒女。

對不耐煩表現的反應——父母的不忍耐，是會激起兒女的不忍耐。父母所表現的情緒，也會在兒女身上生出這種情緒，並會激發他們天性中的劣質。

對忽而咒罵及忽而甜言哄誘的反應——我多次看見那些不隨父母己意的孩子，在地板上亂滾亂跳、尖聲叫喊，大發脾氣，而不智的母親卻在那裏時而甜言誘哄，時而責罵，圖使孩子恢復常態。這樣作不過是鼓勵孩子發作脾氣罷了。再次事情發生時，孩子便更剛愎地故態復萌，相信自己必會像以前一樣獲得勝利。這樣，疼惜責打，便使兒女受敗壞。

母親不宜容許兒女一次佔取上風。但要維持這樣的權威，卻也毋須採取什麼苛刻嚴厲的手法。穩定不移的態度，和一種使孩子感服妳對他的愛心與親切，就可成全這目的了。

　　對嚴刻待遇的反應──父母們的支配慾與權威的運用，乃是由自己父母所遺傳下來的，這將導致他們在管教和教導上作苛刻的強求，而不會給兒女以合宜的訓導。由於嚴厲處理兒女的錯誤，他們激起了人心最惡劣的情緒，使兒女懷著不平與冤屈的感受。他們在兒女身上所遇到的個性，原是自己所賦予他們的。

　　父母這樣向兒女講述信仰的事物，反而驅使他們遠離上帝，這是因為他們誤表了真理，便使基督的信仰顯得無吸引力，甚或叫人討厭之故。孩子們必說：「好啦！假如這樣的行為要算是信仰，我才不相信它呢？」抗拒信仰的念頭往往是如此成立的，由於父母管理的不得當，便注定了兒女永恆的命運。

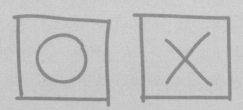

第 49 章　親屬的態度

親屬的溺愛是一大難題——要慎防放棄管理兒女的責任，而將此責任委諸他人。誰也不能合理地解除上帝交託父母的責任。由於親屬或朋友的干預家庭管理，許多孩子變成全然敗壞。母親們對於管理兒女應有智慧之方，萬不可容許自己的姊妹或母親來干涉她們。由於外婆的溺愛與不智的讚許，便將外孫們寵壞。這種教導孩子的方式，可能使母親所有耐心的努力全歸無效。大體說來，一般的祖父祖母都不配教養孫子孫女，這是眾所共知的。人對父母應表現其當然的尊敬和服從。然而論及管理兒女的事，他們是不該讓任何人的干預，乃要將管理的韁繩操在自己的手中。

他們容許無禮與發怒——我無論何往，看見忽視良好的家庭管教和缺乏約束的現象，便心裏傷痛。他們讓小孩子們向大人回嘴辯

駁，表示不恭與無禮，說出小孩子所不該向長輩說的話語。容許他們說這類話語的人，應比兒女更多受責難。大人不該容忍小孩子無禮，連一次也不應該。可是父母們，叔伯姑嬸們，及祖父母們，卻為這才滿一歲的嬰孩有發脾氣的表現而縱聲大笑。她那發言不清的不敬話語，和那幼稚的頑固態度，都被視為巧妙有趣。這樣，錯誤的習慣便養成了。

大家庭制度的麻煩——一個或兩三個因彼此有姻親關係的家庭，聚居在數里範圍之內，這不是上策，其影響對各個家庭都不好。往往個人的事成了大家的事。每個家庭免不了或多或少都有自己家中的困惑與難題，然而這些難題卻延伸到有姻親關係的各家中，也影響到信仰的聚會。有些事情是不應為第三者所知的，不論那第三者是多麼親切與多麼有關係。各個人或各小家庭自當保密。可是常常因有親屬關係的家庭如此親密地交往，便損及各個家庭所當保持的尊嚴。在執行糾正家人難題的微妙義務時，除非運用極大的親切與慎重，否則往往會有傷害情感的危險。連品格最優美的模範者，有時也會顯示出錯誤與過失，所以應該格外慎重，以免有小事鬧大之弊。

由於姻親而組成的大家庭，會因時時彼此交接，使各人都覺察到對方的缺點與過失，而認為自己有義務要矯正之。正因為這些親屬們彼此切實相愛，他們也常常會因微不足道的事情而擔憂，如果沒有這麼密切的關係，就不會注意到這些瑣碎的事了。有人或要忍

受極大的精神痛苦，因為心中覺得沒有得著公平待遇，沒有得到適當的體諒。有時也會興起莫名其妙的妒忌之念，以致小丘變為泰山，小題大作。這些細小的誤會與微末的爭執，往往造成比從其他方面來的困難更大的精神痛苦。

個人學習單

第十一篇：錯誤的管教

署名：

_____

日期：

_____

一、閱讀第 222-232 頁。

二、重點複習：

1 縱容會導致什麼情緒？

2 父母在審判來到的結算之日，要為哪些事情負上責任？

3 我們在何種情況下，會成為孩子在罪方面的同謀？

4 父母專制的行為可能會造成什麼態度？

5 什麼事會激起兒女不耐煩的態度？

6 孩子能夠在母親的管教上常常居於上風、使母親屈服嗎？

7 說出兩項會產生重大傷害的事。

8 父母的嚴厲會在孩子身上引發什麼影響？

9 祖父母或親友是否應該干涉家庭的管教？

10 一個孩子無禮、傲慢的行為可以被容忍多少次？

11 與親人之間的居住地最適當的距離為何？

12 為什麼親戚之間的居住地方保持適當距離是最好的？

三、做為孩子的訓練者，我給自己的評分是：

使孩子感到──啟發_____ 困惑_____ 鼓勵_____ 沮喪_____

1 我在哪方面最使我的孩子得到鼓勵：

2 我在哪方面最使我的孩子感到沮喪：

四、問題與討論：

1 什麼事能夠將父母及孩子的心緊密結合？

2 行為乖張放縱的孩子是如何養成的？

3 為什麼放縱孩子是一種罪惡？

4 將孩子所說的話與成年的基督徒所說的話作一比較。

5 探討被寵壞的孩子長大後需面臨的重擔。

6 在孩子的信仰態度上採取放鬆的管教方式，會產生何影響？

7 當孩子成長至青少年階段，若採用較放鬆的管教方式會有何影響？

8 將有問題的娛樂設備帶入家庭，其影響為何？

9 討論父母對孩子成天挑剔所引發的效應。

10 對於嚴格的管教，自然的反應是什麼？

11 討論：要求或命令孩子做事情。

12 討論：嘲笑與辱罵。

13 不必要的限制以及對合理權利的否定有何影響？

14 討論：祖父母以及兒童的管教。

15 近親與住所距離的遠近與家庭幸福有何關係？

234

五、個人默想：

1 我愛我的孩子，還是對他在管教上的需要冷漠以對？

2 我像以利，還是像以利沙？

3 我是否因為不夠果斷，而間接促成了孩子的不順服？

4 我是否因為太過嚴苛，而令孩子對信仰產生抗拒？

5 我曾否為了怕孩子做錯事，連孩子簡單的樂趣都拒絕？

6 親友們會干涉我的教導嗎？

六、說出一種我能啟發及激勵孩子的方法。

○ ✕

Child Guidance

第 50 章　何謂真教育？

真教育的博大——真教育的意義非僅研究某種規定的課程而已，其範圍甚為廣闊，它包含一切體力和智能的勻和發展。適當的教育不僅包括智能訓練，也包括那獲致完善道德與正確行為的訓練。

消除自私競爭與貪婪的影響——在這樣的時代中，教育的趨勢如何呢？人類所要求達到的目的，往往是什麼呢？是自私自利。現代所施的教育，大都名實不符。真教育正是與為現今世界禍害的自私野心，貪圖權勢，以及忽視人類主權與需要等行為相反的。上帝所定的生存計畫，是人人都有分的。各人當竭盡所能；不論天賦才幹的多寡，只要是忠心運用，就必得著尊榮。在上帝的計畫中，毫無自私競爭的餘地。凡「用自己度量自己，用自己比較自己」的人，「乃是不通達的」（哥林多後書10：12）。我們無論作什麼，都當「按

著上帝所賜的力量」去作，「都要從心裏做，像是給主做的，不是給人做的，因你們知道從主那裏必得著基業為賞賜；你們所事奉的乃是主基督。」（彼得前書 4：11；歌羅西書 3：23 － 24）遵照這些原理而作的服務以及所得的教育，乃是可貴的。然而現今所施的大部分教育，卻是如何地大異其趣啊！從孩子幼小的時候起，就有競爭好勝之意，因而養成萬惡之根的自私之心。

並非孩子自然的選擇——這種促使孩子適應實際生活的教育，並非出於他們自然的選擇。他們堅持自己的欲望，自己的好惡，自己的嗜好與意願；然而作父母的若對於上帝、真理、和那應當左右其兒女的種種感化力與環境交遊，有正確的見解，則必體認到自身負有上帝所賜的，須慎重引導那無經驗的孩子之責任。

並非逃脫人生重擔的法門——當使孩子確切地明瞭，教育並非要教他們怎樣逃避人生一切不如意的職務與重擔；教育的目的乃是要藉著教導更優良的方法和更高尚的目標，而減輕工作的困難。當教他們明瞭人生的真目的並非為自己求得可能最大的利益，而是履行自己在世上所有的一份工作，並援助那些較比自己更為軟弱無知的人，藉此尊榮他們的創造主。

道德訓練比智力教化更為重要——孩子極需受適宜的教育，以便在世上成為有用的人。然而凡高舉智力教育超過道德訓練的努力，卻是錯誤的指導。對於孩子的教導、培養、磨鍊、及修養工作，應

是父母與教師的主要重責。

以品格建設為目的——最高等的教育，乃是授予那能導致品格最佳發展，並使人適於享受上帝所賜生命的知識與管教。最高等的教育便是教我們的孩子以基督教的科學，給他們有關上帝作為的實驗知識，並傳授他們基督所給門徒關於上帝的慈父聖德。

用以指導及培養的訓練——訓練孩子有時，教育孩子有時。把這兩件事在學校中儘量配合起來，尤為必要之舉。所羅門王曾說：「教養孩子，使他走當行的道，就是到老他也不偏離。」（箴言22：6）這話說得很肯定。所羅門在此所提示的訓練，乃是指導、教育、及發展三項工作。

父母及教師們若要作成這工作，他們自己必須先明白那孩子所當行的「道」。這比單在書本上所包括的知識更多。凡是良善、德行、正義、及聖潔的事，都包含在內。至於實行節制、敬虔、弟兄之愛、愛上帝、及彼此相愛等等，亦是含蓄其中。若要達到這目的，對於孩子的體育、智育、德育、及宗教教育，也都是必須注意的。

被許多人視為舊式的教育——那關於永恆萬世長存的教育，現今幾乎被人完全忽略而視為舊式討厭的教育，並且被認為是不合時尚和非必要，然而此教育的成果才是永恆長存的。

第 51 章　預備入學

起初的八或十年——孩子不宜長久禁閉於室內，並且在他們身體的發育尚未奠定良好基礎之前，不宜過分專心致力讀書。對 8 歲或 10 歲以內的孩子，最適宜的課室乃是田野或花園，最好的教師乃是母親，最好的課本乃是大自然。即使孩子已經長大可以入學了，也當將他的健康問題看得比書本的知識更為重要。應當予以最適宜的環境，使他在身體與智力方面都能長進。

現代人慣於把年齡很幼小的孩子送去上學，要他們讀那些很傷幼小腦筋的書。……此舉很是不智。神經衰弱的孩子，無論從那一方面，都不應予以過度操勞的。

幼年時期的生活——在孩子 6 或 7 歲中，應當特別注意體力的訓練過於智力的訓練。過此之後，若是體格良好，才當注意兩方面

的教育。幼年時代，連6-7歲都算在內。在此時期之前，應當讓孩子，像小羊般，在室內或園中遊玩，蹦蹦跳跳，無憂無慮，活潑自由。

雙親，尤其是母親，應當是這些幼小心思的唯一教師。不應該用書本來教導他們。孩子們大半是對於自然界的景物有興趣，愛發問題。他們對於耳聞目睹的各種事物愛查愛問，父母便當利用這種機會來教導，耐心地回答那些小問題。他們可在這種方式中，比仇敵撒但更佔優勢，將好種撒在孩子的心田中，不讓惡種有生根的餘地，藉以強固其心思。孩子們在幼年時所需要的，便是母親的親切教導，來模鑄品格。

同學間可能敗壞品德——不可太早送你們的小孩子們入學。母親應當小心，不可將模鑄幼小心靈的重任委託諸他人之手。

許多母親們覺得自己沒有功夫教導兒女，因此把他們打發開，免掉他們的吵鬧和麻煩起見，便送他們入學。⋯⋯

把兒女太早送入學校，這不但有害及他們的身心健康之虞，而且從道德觀點來看，也是得不償失之舉。他們在那裏有許多機會，會與一些教養不佳的孩子們相熟。他們被投入粗俗不文的交遊中，有些人會撒謊、咒罵、偷竊、欺騙，也有些人喜歡向比自己更年輕的人們傳授那邪惡的知識。

年輕的孩子們，若被聽任不管，就必輕易學壞過於學好。人類

的天性，易於污染惡習，在幼兒時期所見所聞的事物，會被深深銘刻在心不忘。那撒在幼嫩心田中的惡種，將要生根茁長，變成尖利的荊棘，刺傷父母的心。

第 52 章　選擇學校

我們蒙受慘大的損失——有些時候我真巴不得上帝用清晰可聞的聲音，向父母們說話，像昔日對瑪挪亞的妻子說話一樣，告訴他們應當怎樣訓練自己的孩子。由於忽略家庭教育，我們在工作各方面，都正在蒙受慘大的損失。

何種教師？——世上有兩種教師，一種是上帝用為傳光的導管，傳達真理亮光，另一種則是被撒但作為代理人，精於行惡找機會傳授人邪惡的知識。

選擇以上帝為基礎的學校——在計畫兒女離家升學時，父母應當明白，把他們送進公立學校，現已不是安全之策，而應當盡力送他們去那些可得《聖經》為基礎教育的學校。在每位基督徒父母的身上負有一種嚴肅的責任，應送兒女去受那能領他們認識主，及順

從上帝旨意方法而與神的性情有分的教育。

思念上帝對以色列人的指導——當上帝的刑罰降在埃及地時，耶和華指示以色列人，不但要把他們的兒女留在家中，甚至於也要把田間的牲畜趕回家。……

正如以色列人，在上帝的刑罰降臨埃及時，把兒女留在家中一樣，我們也應當在此末世危險時，保守兒女與世界分開。我們應教導他們知道，上帝的誡命比我們所明白的更加重要得多。凡遵守誡命的人，必不效法那些干犯上帝律法之人的風俗習慣。

父母們必須尊重《聖經》，順從《聖經》的教導。對於今日的父母，正如對以色列人一樣，上帝說：「我今日所吩咐你的話都要記在心上，也要殷勤教訓你的兒女。無論你坐在家裏，行在路上，躺下，起來，都要談論。也要繫在手上為記號，戴在額上為經文；又要寫在你房屋的門框上，並你的城門上。」（申命記6：6－9）

有些上帝的子民，不顧此項明顯的教導，將兒女送進公立學校，與那些道德腐化的人混雜。在此等學校中，他們的兒女既不能研究《聖經》，也不學習《聖經》的原理。基督徒父母們哪，你們必須籌畫，讓兒女可到有《聖經》原理的學校中受教育。

抵觸《聖經》真理，孩子混亂不清——我們的孩子從公立學校的教師那裏所接受的概念，是否與《聖經》相符？有否表明罪惡是

一件觸怒上帝的事？有否教他們明白順從上帝的誡命就是一切智慧的開端？我們讓自己的兒女到教會，使他們可以受真理的教導，然後又讓他們到其他學校，學習含有虛假性質的教導。這些事混亂了他們的腦筋，這是不應有的，因為如果少年人接受了與真理相反的觀念，這種教育的影響怎樣能被消除呢？

有些教會的孩子，在這樣環境薰陶之下，對於信仰權益不予重視，又何足怪呢？他們流入試探之中，豈以為奇呢？他們久被忽略，將精神消耗於對他們無益的娛樂，以致他們的信仰熱望薄弱，靈性生活黑暗，豈以為奇呢？腦筋吸收的是什麼營養就變成什麼樣子，種的什麼？收的也是什麼？這些事實豈不足以表明對於早期教育應予留意的必要嗎？我們寧可讓孩子對於普通人所謂的教育茫然無知，但那不是比使他們輕忽上帝的真理，更好得多嗎？

在教會各教堂應有學校——教會各教堂應設立學校，在這些學校中的教師乃是佈道士。教師們應受訓練，才能勝任教育守安息日之信徒的孩子，不但通達科學，也是明白《聖經》真理，此事至為基本重要。這些學校，在各地區設立，由敬畏上帝的男女擔任，照情形需要，且必須建立於古時先知學校的同樣原理上。

城市中的教會學校——應當設立教會學校，使孩子就讀，並且讓他們仍在母親的照顧之下，有機會實行上帝預期其在家中學到的有益教導。……

家庭教會小學——應當盡可能讓教會所有的孩子有受基督化教育的機會。為達此目的，我們有時必須辦理家庭教會小學。最好由鄰近的幾家，聯合聘請一位敬畏上帝的謙卑教師，給父母們所需要的幫助，教導他們的孩子。這對於許多孤居僻處的信徒，將是一大福氣。這種計畫也比有時所行的其他辦法，讓年輕孩子離家到較大的學校去升學，更蒙主的喜悅。

第 53 章　教會的責任

教會是守望者——主用教會小學來幫助父母，教育及幫助其孩子為當前的時代作準備。因此，教會當懇切維持學校，使其不負主的期望。

上帝已派定教會為守望者，應當熱心照顧孩子，像哨兵一樣見到敵人臨近，就發出危險的警告。可惜教會並不明白此種情形。她在崗位上睡著了。在此危急之時，父母們應當警醒工作，像救命一樣，否則許多孩子將永遠喪亡了。

應當高舉上帝的律法——教會有一番特別的工作，就是要教育自己的孩子，使他們在入學或作其他交遊時，不至於被那些惡習慣所影響。世上充斥著罪惡，不顧上帝的要求。

　　大家分擔費用——教會應當負責使那些可以受教育益處的人入學受訓。應當資助貧苦的家庭。對於那些正在我們門前，需要我們的幫助，去獲得知識及經驗，為上帝服務的人，我們應協助分擔他們的學費，否則就不能自稱是真正的佈道士。主願我們在教育孩子的事上勤勞工作。

　　資助訓練有為的孩子——各地教會應當感到有責任在身，要訓練孩子及教育幹才，去從事佈道之工。當他們見到教會中許多有前途、能成有用工人的孩子們，無力應付升學費用，便認為自己有責任，應資助他們到教會的一間訓練學校去受訓練。在各教會中有非常能幹的人，應被派去作工。若是有些人本當升學上進，但卻無力付清學費，各教會便該表現慷慨精神，資助他們。

　　捐款國外佈道時，勿忘國內的孩子——信徒們豈可捐錢為在別人當中推進基督的聖工，反而撇棄自己的孩子去進行撒但的工作，並為他服務呢？固然我們應當為周圍的人民大眾懇切作工，及推進聖工到國外地區，但在這方面所盡的無論多大力量，都不能作為藉口，原諒自己忽略教育教會的孩子。應當訓練他們成為上帝的工人。

　　憑著信心祈禱，上帝必會開路——有些人或會問：「怎樣創辦教會學校呢？」我們並不富足，但我們若憑著信心祈禱，讓主為我們設法，祂就會在我們前面開路，在偏僻地區辦理小型學校，教育教會的孩子，使他們不但有《聖經》及課本上的學識，也有多種的手工勞動。

第 54 章　教師與父母們通力合作

需要同情了解──父母們應當記住，若是自己明白孩子在教會小學所能得的益處，而全心全意地與教師合作，則教會小學的工作，必有更加奇大的收效，父母們可以打消許多急躁及不智的溺愛而發生的錯誤。

合作是在家中開始的──父母應在家庭的生活中率先彼此合作。他們在教養自己兒女的事上有共同的責任，所以應當時常竭力合作。

孩子們會將受你們訓練的影響帶到課室中去。敬虔的父母們若與敬虔的教師們和諧合作，就會使孩子們對教會中上帝的工作感到深刻的興趣。在家所培養的各種美德將被帶進教會中，而榮耀上帝。

　　如果父母們十分專心於業務及今生的歡樂，以致忽略了給孩子們合適的管教，這不但使教師的工作艱難而辛苦，也是往往使其徒勞無功，完全白費。

　　教師的工作屬於輔助性質──在品格的陶冶上，再沒有其他的影響比較家庭的影響更為重要了。學校教師的任務乃是輔助父母，而並非取代了他們的地位。在一切均為孩子幸福著想的事上，父母與教師當通力合作。

　　父母們可減輕教師的工作──如果父母們忠於執行自己的本分，教師的工作就必大為減輕，並會加增其希望與勇氣。父母們若明白自己的責任，就會大大減輕教師們的工作。

第 55 章　合力管教

教師需要機警處事——一般孩子的品格及家庭教育有頗大的不同。有些生長於專權、拘束、嚴謹之家，而養成了一種執拗及反抗的精神。另些則是家中的驕子寵兒，被父母溺愛，而十分任性，並且因為大人的姑息，以致品格變成畸形。若要順利應付這些不同的心思，教師必須運用頗大的靈巧與細心來處理，也要在管理方面態度堅決。

孩子們往往表現不高興，甚或是輕視規矩的情形。有些是用盡心思來逃避罪罰，另有些則對於犯法的後果漠不關心。凡此一切都叫那受託教育他們的教師需要更加忍耐與下更大的功夫。

教師需要父母們的合作——父母們贊成孩子反抗當局及學校的管教，殊不知此舉適足以助長今日流行到可怕程度的敗壞道德之風。

孩子周遭的各種影響，應當是正義的一方，很可惜今日孩子墮落的情形正是與日俱增。

切不可在孩子之前批評教師——父母們哪，如果教會小學的教師，想要訓練及管教你們的孩子，切不可在孩子面前批評他的行動，縱使是你們以為他有些太嚴厲，也不可以如此。你們若盼望孩子獻身給救主，就當與教師合作，盡力使他們能夠得救。孩子們若能從母親的口中聽到嘉獎教師工作的話，而非批評攻擊，那該是多麼好啊！如此嘉獎的話會長留不泯的印象，並感化孩子們要尊敬師長。

若是教師的工作有予批評或建議的必要，就當向他私下提出。若此舉證明無效，便可向負責學校行政的當局陳明。切不可說什麼或行什麼，使孩子們對於這位與他們的福利有十分重大關係的教師失敬。

如果父母們自處於教師的地位，看出應付及管理這班級不同而心思各異的幾百個學生，必是何等的困難，他們或許以教師的立場來看時，就會持有不同的看法了。

頑梗抗命的精神往往從家中開始——讓孩子們為所欲為，在父母們以為這是表現親情之愛，其實卻是十分殘忍之行。孩子們是會講理的。不合情理的愛，不論在父母們的眼中看來是多麼正當，也是會傷害他們的心。等到孩子們長大，他們也養成了頑梗抗命的精神。他們的教師可能想要矯正孩子的行為，但很可惜父母們往往偏

護孩子們，以致情形愈來愈壞和被遮蓋住，若是可能的話，甚至比以前更被掩飾。由於孩子們的錯誤行動，其他的孩子們也被引入歧途，而父母們卻見不到此層面。他們聽了孩子的話，先入為主，對教師們的話，便聽不進去了。

父母不合作，使教師的工作加倍辛苦——信仰《聖經》的父母們豈可繼續袒護姑息，助長孩子的惡癖邪行呢？自稱信仰現代真理的父母親們，最好運用自己清晰明理的思想，不再對此惡事有分，不再接受自己尚未悔改的孩子們的誣告而使撒但的詭計遂行。單是孩子們的淘氣，用不著再加上父母們的影響，就已夠教師忙於應付了。

第 56 章　中學及大學教育

　　許多孩子在世俗的學校中喪失了——現在社會上有一種令人驚駭也使父母寒心的事，就是在許多學校和大學中，都有一種不良的影響盛行，使為求增進智慧鍛煉思想而來的青年，反踐踏了品格，墮落了德性，消失了人生的真價值。因為與那些毫無信仰觀念、那些尋歡作樂、那些腐敗墮落之輩做了朋友，許多許多的青年，就失去了原來品格上的純正和廉潔，丟了信仰上帝的心，失去了他們那虔誠信主的父母在懇摯祈禱和嚴切督責之下所希望他們養成的那種犧牲克己的精神。

　　有許多抱著為救世的工作宣勞而來求學的青年，反而埋頭於世俗的功課之中。高大的志向，轉移到同學中分數的競爭和物質上功名富貴的追求方面去了。當初入學的宗旨，現在已忘記了。他們的

行事為人於是都以自己的利益和世俗的企圖為中心。

家庭信仰的影響被抹滅——你們既然禱告說：「不叫我們遇見試探。」（馬太福音 6：13）；那就不該同意把孩子置於他們將受不必要之試探的境地。別送他們到那些學校去，免得他們在那裏受到不良交遊的影響，有如稗子撒在他們的心田上。

當你們的孩子在家鄉的學校中受訓練及管教，知道敬畏上帝。後來更當小心，別送他們到那些會消滅他們已接受的信仰觀念，或讓他們失去上帝之愛的地方。別受更高的待遇或其他表面上有更大的教育益處的引誘，而送自己的孩子到那離開你們的影響和受重大試探之處。「人就是賺得全世界，賠上自己的生命，有什麼益處呢？人還能拿什麼換生命呢？」（馬可福音 8：36 － 37）

教會大學是上帝制定的——當我蒙上帝的使者指示，應當為教會青年的教育而設立一機關時，我見到這乃是上帝所制定的最偉大救靈方法之一。……如果教會大學有其所應有的感化力，則在此受教育的青年人將能見到上帝，及在祂的一切作為上榮耀祂；並且當他們一面培植上帝所賜的才能時，一面也預備好可為祂作更有效的服務。

應當鼓勵青年人到教會學校去，這些學校也應當愈來愈像起初的先知學校。「教會的學校是由主所創辦的。」

教會寄宿學校的益處——從大體上說來，孩子們在教會學校受教育，要比在家受錯誤的教育會有更長遠的進步。有些人或需要搬家到學校附近，方便孩子們在家食宿和省些費用，但在大半的情形說來，此舉對於他們的孩子們顯然是弊多於利。

住宿學生——有些青年人，他們家庭的風氣不太好，若能一時住在規矩良好的校舍中，對他們乃是大有好處。對於那些有必要離家而享學校利益的人，學校的宿舍自是一大福氣。可是有些家庭，父母是敬畏及順從上帝的人，像這樣的家庭，永遠都該是青年孩子最佳的所在，那裏在父母的合宜訓練之下，他們可享受信仰家庭的照顧及管教，由自己的父母來管教。……

除非父母們相信送孩子去受宿舍管理之舉，乃是對孩子有最大的益處，否則就應當留他們在家鄉，儘量受自己的管理。在有些地方，父母雖住在學校附近，但他們看出讓孩子到學校寄宿是有益的，因為在那裏孩子可接受一些教導，是孩子在自己的家中學習不到的。雖然這樣，但我們不應勉強所有的孩子都必須離開自己的父母，而到任何教會學校去得到益處。……

父母是自己孩子的當然監護者，他們有嚴肅的責任，要督察孩子的教育與訓練。

難道我們不明白那照管孩子生長多年的父母，理當知道孩子受什麼樣的訓練與管理，以便能發展及培養其性格的最優品質嗎？我

所要建議的是，應當讓那些住家只離學校二三哩之遙的孩子們上學，而同時仍可住在家中，身受父母良好影響之惠。我們應當盡可能，讓學生與他們的家人住在一起。

每個孩子都有受教育的權利——教會現今睡著了，不明白教育孩子這回事是多麼重要！有人問道：「為什麼呢？何必那麼講究要徹底教育我們的孩子？在我看來，我們只要選拔幾個優秀的同學或其他要特受職業訓練的孩子，予以合宜的關注，那就行了，用不著要我們所有的孩子都受那麼完全的訓練。這不就應付了每一基本需要了嗎？」我的回答是：「不行，千萬不行！……我們應當讓教會所有的孩子有到教會學校得教育的福氣及機會，以便受感化成為上帝的同工。他們都必須受教育，使自己成為有用的人，在私人或公共的生活中配任負責的職位。」

一年到頭不斷讀書之害——許多父母差不多一年到頭把孩子們留在學校中。這些孩子們機械似地修讀例常的功課，所學的東西，一點也沒有留在腦中。這些不斷死讀的學生們，有許多似乎是缺乏智慧。無聊地不斷死讀，折磨了頭腦，對於功課毫無興趣。有許多人拿起了課本便感到痛苦。他們的內心不愛思想，也沒有求學問的志向。

父母們應尊敬教師的權威——教師們要應付的最大難題之一，就是父母們沒有盡責，對於大學的管教訓練，未予合作。若是父母

們，挺身答應支持教師的權威，則許多的頑抗、邪惡、及放蕩之事，便大可避免。父母們應當命令自己的孩子們敬重及順從合法的當局權威。他們應當殷勤不倦地照應及教導，引領及約束自己的孩子們，直到確實養成了正當的習慣。經過這樣訓練的青年人，就必順服社會上的機關，並會循規蹈矩，負起道義上的責任。

不應讓孩子們來評斷校規的是否合理。父母們若信任教師及學校所採的教育制度，送了自己的孩子們入學，就當表現良好的理性，道義上的力量，來支持教師執行校規。⋯⋯

賢明的父母們應當十分感激學校，因為那裏不容許各種不法的事發生，孩子們在那裏受訓要順從而非放肆，並在那裏他們要身受良好的影響。

有些父母們存心送品德不良的孩子們上學，這是因為孩子在家怙惡不悛，無法管教。這樣的父母們到底要否支持教師們的管教工作呢？抑或是隨時聽信孩子一面之辭的每一虛假報告呢？

他們必須支持學校的管教──有些父母們把自己的孩子們送到的學校，卻告訴他們說，若對他們有什麼不合理的要求，不管是出於誰，盡可予以不理。這是給孩子們一個什麼樣的指教啊！他們缺少經驗，怎能分辨什麼是合理與不合理呢？

他們也許要夜間外出，無人知道他們去那裏，若是教師或監護

人要他們據實報告，他們便認為這是不合理或侵害及他們的權利，他們的獨立精神不應被干犯，他們看任何的管教是無理約束他們的自由，像這樣的青年，有什麼能力會管束他們，或有什麼權威能治理他們呢？

在許多情形下，這樣的青年人留校只是一個短短的時間，沒有完成學業便回家，隨其未受訓練及管教的心願而行那些在校不能行的事。他們愚蠢的父母所施的放任縱容，也形成一時或永久的成效，這些人滅亡的罪是要歸於他們的父母。

大學課程之外的教育——在教育這件事上，應當培養貫徹始終的習慣。大學的課程並不包括孩子所要接受的全部教育在內。他們或許從所見所聞的事物不斷地學習各種的學問。他們也許研究因果的關係，研究生活的周遭與環境。他們也許學習一些每天應當避免的事物，及一些可以實行而使自己高尚尊貴的事物，使品格堅固，並在那些作為高尚男女之根基的原理上剛強。

他們在受教育時，若是心中漫無目的，輕易滿足，沒有上進心，將來就不會達到上帝所要他們完成的標準。

個人學習單

第十二篇：智力的發展

署名：_____

日期：_____

一、閱讀第 236-258 頁。

二、重點複習：

1 真教育會在一個孩子的哪兩方面求發展？

   Ⓐ

   Ⓑ

2 真教育應該喚起什麼樣的精神？

3 最高的教育應當教導什麼知識？

4 8 歲到 10 歲的孩子，應該在什麼樣的環境下生活？

5 6 歲到 7 歲之前，哪方面的訓練應當要加強？

6 所有的教育都應當立於什麼樣的基礎之上？

7 屬世的教育會在哪些方面使孩子感到困惑？

8 教會與孩子們之間的關係應當如何？

9 對於無力償付學費的孩子，教會應當怎麼做？

10 在我們孩子的教育上做投資，與我們的聖工有何關係呢？

11 對於想把孩子送到公立學校就讀的父母，他們應當捫心自問什麼？

12 什麼事會使一位基督徒教師的工作無法產生果效？

13 教會學校應當越來越像什麼地方？

14 我們有多少青年人應當從基督教的教育得益處？

15 為什麼孩子不應該一年到頭都在求學？

16 父母應當尋求支持誰的權威？

三、評估自己作為學校支持者的表現：

積極的提倡者＿＿＿＿　願意與學校配合＿＿＿＿

時常批評學校＿＿＿＿　完全不參予或關心學校＿＿＿＿

1 我對學校最大的貢獻是：

2 我對學校待加強的部份是：

四、問題與討論：

1 討論真教育的意義和目標。

2 為什麼教會學校不應該鼓勵競賽活動？

3 理論與實作的訓練該怎麼結合？為什麼？

4 為什麼真教育的價值能永久延伸？該如何實施？

5 討論：「襁褓時期可延伸至 6 至 7 歲。」

6 孩子應當從何時起開始上學？

7 屬世的教育是如何弱化聖經所教導的真理？

8 為什麼教會學校對我們子女的教育而言至關重要？

9 討論教會對學校在財務上應盡的責任。

10 請比較父母彼此間，以及父母和老師之間的「團隊合作」。

11 討論：教師是家庭的支持者。

12 討論父母對孩子的老師有所批評會產生的影響。

13 為什麼我們的學校應該越來越像先知學校？在哪些方面？

五、個人默想：

1 基督教教育會幫助我的孩子做更多的工或反而減少呢？

2 我的孩子目前就讀的學校能為他預備到上述的學校學習嗎？

3 在孩子未滿 10 歲之前，我可以讓他自己到街上逛嗎？

4 如果我赴會的地方並沒有教會學校，我是否應該搬家，或鼓勵教會辦一所學校呢？

5 對孩子的老師來說，我是個麻煩製造者嗎？

6 我是否讓孩子一年到頭都在學校？

7 我是否曾經在孩子面前批評過他的老師？

六、為了讓我的學校能越來越像一所先知學校，分享一件我曾努力做過的事。

第十三篇

體格發育

Child Guidance

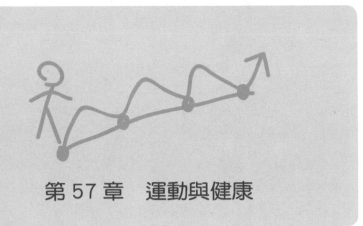

第 57 章　運動與健康

各項功能賴運動而強化──孩子們倘若整天留在校中拼命讀書，是不會有健全體格的。單是用腦讀書，而無相等的體力活動，勢必充血於腦，以致全身的血液循環不能平衡。腦部的血太多，四肢的血太少。應當安排孩子只讀書幾個鐘頭，然後用一部分時間作體力活動。他們的飲食、衣著、及睡眠等方面，若有合乎生理律法的好習慣，就可在受教育時不必犧牲及體力和腦力的健康。

勞動之後有疲勞是正常的──母親們哪，妳們不讓女兒們負起責任，也不給她們什麼特別的事情做，隨她們選取自己喜歡做的事，這是會出許多毛病的。應當讓她們有運用四肢及肌肉的機會。有人問：「若是這會使她們很累，那該怎麼辦？」難道妳們自己作工不會累嗎？若不是工作過勞的話，她們會不會比妳們更辛苦呢？不會

的，一定不會的！

她們也許會很累，但在做完合宜分量的工作之後所獲得的休息，是多麼舒暢啊！睡眠乃是自然的最佳復原者，使疲勞的身有飽滿的精神，為次日的職責作好準備。

貧窮往往是一種福氣——有些人以為有錢有閒真是福氣；其實世上最快樂而享最健康之福的人，卻是終日忙碌，樂於進行其日常職責的人們。……

腦力及體力活動應當平等——學生們不應用太多的功夫讀書，以致沒有時間可作體力訓練。除非每日用一部分時間在戶外作肌肉活動，他們的健康就不能均衡。應當有指定的時間從事勞動，作些能使全身各部都能活動的事。智力及體力若能有均衡的操用，學生的心思就必新鮮活潑。他若是生病，運動往往可助身體早日康復。學生們在離開大學時，應比在入學時更健康及更明白生命的律法。

青春活力慘遭無謂浪費——青年人在體壯力強時，往往不覺得自己豐富精力的寶貴。這種精力較比精金更為可貴，對於上進方面，亦比學識、地位、或財富更為重要。但現代人的精力卻是多麼可惜地被忽視，被無謂地浪費了啊！……

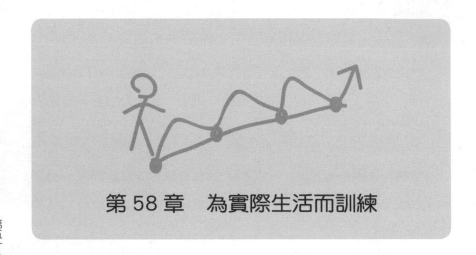

第 58 章　為實際生活而訓練

上帝為何要始祖勞動──上主創造亞當及夏娃，安置他們在伊甸園中，為主修理看守那座園子。這是為他們的幸福起見，才安排一些工作給他們去做，否則主不會這麼安排的。

在創世之前，天父便計畫好設置一個伊甸樂園，讓亞當夏娃住在其中，並由他們負責修理果樹，培植花木，有益的勞動，原是他們的保障，歷代相傳，直到人間歷史結束之日。

體力勞動並不卑賤──大多數人流行著錯誤的觀念，視勞動為卑賤，因此青年人們都急於教育自己成為教師、祕書、商人、律師，及得到任何不必操用體力的職位。青年女子們小看治家工作，體力操作，若是不太煩重，大可當作促進健康之舉，但她們仍是追求使自己配當教師或祕書，或學習一些限於戶內，整天坐著的職業。

世上有很多的青年男女，自抬身價，瞧不起各種有用的勞動；無論何人均不應以工作為恥，不論在表面上那工作是多麼微小卑賤。勞工是使人高尚的。凡是勞心勞力的男女，一概可稱之為工人。

青年人應成勞動的主人，而非勞動的奴隸──當導使青年看出勞動的真正高貴性。

勞力之所以被人輕視的一個最大原因，乃是因為勞力所採的方式往往是不整飭的，不加思想的。人們作工是出於不得已，而不是出於自願。他們作工並不用心，既不自重，當然也得不到他人的重視。手藝的訓練，當糾正這一錯誤觀念。這種訓練能養成準確徹底的習慣。學生當學習機敏與規律；他們當學習節省時間，使每一行動均有價值。不但應教他們學習那最好的方法，更應鼓勵他們立志不斷地力求進步。

有錢的人也不應避免實際的訓練──在很多情形下，有錢的父母們不覺得有給孩子們受實際人生責任教育的重要。他們看不出這是他們對自己的孩子們當盡的本分，以便在萬一遇到天災人禍或其他不幸時，他們能昂然挺身而立，知道如何運用自己的雙手。他們若有技能在身上，縱使是分文不名，也不至於窮困潦倒。

許多在年輕時有豐裕家境的人，可能突遭奇變，失去所有的財富，留下了父母兄弟姊妹們要靠他們贍養。這樣看來，每個青年當受勞動教育，才能應付任何意外邊變！擁有財富的人，若是讓財富

攔阻其兒女得不到有用勞動的知識，無法應付實際的人生，那財富真是一大禍害了。

　　無論男女孩都該受訓──既然男女同是組成家庭的分子，因此男女孩均應學得處理家務的知識。鋪床疊被，整理房間，洗碗煮飯，以及洗滌修補自己的衣服等事，家事絕不至使男孩子減少丈夫氣概，反足以使他成為更愉快更有用的人。反過來說，女孩子若能學習怎樣駕車，使用鋸、錘、耙、鋤等工具，這樣，她們就必更能應付生活上的各種急需了。

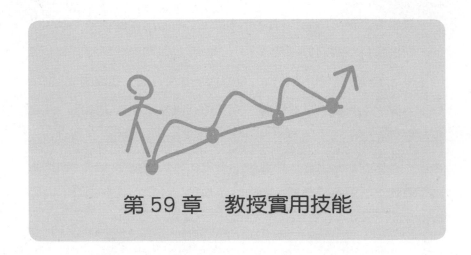

第 59 章　教授實用技能

　　每個孩子應當學習一些技能——由於父母們的粗心大意，對於自己的孩子們沒有分派工作讓他們操練，結果有了說不出的害處，危及許多青年們的人生，十分損害他們的貢獻。讓青年人長大而不學習一些技能，這乃是重大的錯誤。

　　教導操用工具——孩子們到了適當的年齡，就當供應他們工具。若是他們的工作做得有趣，他們就會容易學習操用工具。父親若是木匠，就當教導其男孩子們學習建築房屋的教導，隨時向他們引用《聖經》的教導，也就是主在經上所說的把人來比作祂的殿宇的話。

　　訓練兒子們參加農作——父親們應訓練兒子們參與其技能及職業。農夫們不應看輕農業，說它是不夠高尚，不屑給兒子們去學習。農業應當隨著科技知識而進步。

農場素來被認為無利可圖。人們說土地所出產的不及勞動所費的，而惋惜耕種者的勞碌苦命。……但若是人們對此種職業有相當的本事，學會怎樣種植、培養、及收成，就可見到更樂觀的成果了。許多人說：「我們曾試過農業，並知道其後果，」其實這些人正是應該學會怎樣培養土地及使自己的工作科學化。他們的犂應當耕得更深、更寬，並要學會在耕種時，不可苟且馬虎從事。……他們也應學會隨著季節及時撒種，照顧其農作物，並照上帝所設計的計畫實行。

特別有價值的訓練——在手藝教育中最有價值的，莫過於農藝了。當多多努力提倡並鼓勵，使人對農業感到興趣。作教師的當使學生注意《聖經》論到農藝所說的話；使他們注意到耕種田地原是上帝為人所定的計畫；那掌管世界的第一個人，就有一園子要他耕作，而且世上的許多偉人，真正的君子，也曾為墾殖田地的人。

那以農務為生的人，能避免許多試探，並享受那些在大城市中作工的人所不能享受的無數權利和福樂。況且在現今企業聯合及商業競爭的世代中，很少人能如那耕種田地的人一般可以真正自立而不倚賴他人，並確知自己的辛勞必獲相當的報償。

學校應教導有用的技能——現今手藝教育應比以前更受人的注意。當設立一些學校，使在實施最高的智育與德育以外，更具有最良好的設備，以便實施發展體育及實業訓練。當教授農藝、工藝

——儘量地包括各項最切實的手藝，也須教授家事，合乎衛生的烹飪、縫紉等科目。另外，須具有園圃、工場、以及診病室等的設備，而且每一部門的工作均應置於熟練的教師的指導之下。

這種工作必須具有一定的目的，並應辦得徹底。每人對於各種不同的技能，固然需要一些常識，但至少須守精一藝。每一青年在離開學校時，當學得一種專門的技能或職業，才能在必要時可藉以謀生。

有雙重價值的訓練——應當辦理一些與學校有關的業務，進行各部門的勞動，好讓學生們在課餘之外，可以就業及從事必要的運動。……這樣，他們在修讀文科教育的同時，也可獲得實用的業務知識。

工業知識比科學更有價值——應當雇用經驗豐富的教師，在烹飪科教導青年女子。應當教導她們剪裁及縫補衣服，以便受教能負起人生實際的責任。

應當為青年男子開辦可以學到各種技能的業務，使他們能操用其肌肉，像操用其智能一樣。如果青年人在對生活無幫助的科學知識和實際生活的勞動知識兩者之間，只能接受一種教育，到底是那一種有更大的效果呢？我們會毫不猶疑地回答，當然是後者！若是其中之一必須予以放棄，那就放棄課本教育吧！

有些人可能受過錯誤的訓練，也有些人對於訓練孩子有錯誤的觀念。這些孩子們需要最佳的訓練，你們必須在教導他們運用智力時，也要運用體力，兩者應當並行，不可偏廢。

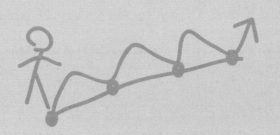

第 60 章　認識及順從生命的定律

　　奇妙的人體——我們是上帝的製造品，《聖經》稱我們「受造，奇妙可畏」。祂為人的心思預備了這座活的居所，是祂「奇妙的作為」，也是主親自安排配作祂聖靈居住的聖殿靈宮。人的心思管理整個的人。我們一切的動作，無論善惡，都是發源於心思。我們的心思敬拜上帝，並使我們與天庭的眾生聯合。然而很多人卻虛度一生，不知此寶盒（身體）中藏有這個寶貝（參閱詩篇 139：14 － 15）。

　　全身的生理器官乃是心思的僕人，神經乃是信使，將其命令傳達全身各部，指導這部活機器的動作。

　　在研究身體的構造時，當令學生注意各部構造是何等奇妙的各盡其用，各種器官又如何的動作和諧，彼此相賴。這樣引起了學生

的興趣，並使他看出了體育的重要，教師便能多幫助他獲得適當的發育，並養成良好的習慣。

健康應予保障——人的心思與靈性既是藉著身體而有所表現，因此心思與靈性方面的能力，大部分有賴乎身體方面的能力與活動；凡足以促進身體健康的，也必能促進健全思想與均衡品格的發展。人若缺少健康，就無法清楚地明瞭並充分地克盡他對於自己、對於人類，以及對於創造他的主所有的義務。因此，人當忠心地保持健康，如同保持品格一般。

研究預防之道——現今世上的疾病增多，人的壽命減短，甚至在最文明最優秀的地方，也是如此。然而世人對於這種災禍的根本原因，實在也不太加以研究了。人類是在退化墮落。……使人類遭受痛苦敗亡的災禍，大多數是可以防止的，其能力大半是在於父母。

應作積極性的教導——當趁早用簡單的課題，將生理衛生的初步教導孩子。這種工作應由母親在家中開始，而後繼續在學校中忠實地施教。學生年齡漸長，這一方面的教導仍須繼續，直至他們足能照顧自己的身體為止。當教他們明瞭保持身體各部分器官的活力，藉以防禦疾病的重要性；也當教他們知道，各種看護普通疾病與意外創傷的方法。

必須認識大自然律法——有些事件雖然通常並不包括在生理學內，但亦不可不加以注意，因為這些事件對於學生，其價值遠超

過他們在這一門功課內所學得的一些專門知識。須教導青年學生明瞭大自然的規律乃是上帝所制定的律法，正如十條誡命一樣的神聖——這乃是有關生理衛生方面一切教育的基本原理。上帝已將管理我們身體組織的規律寫在身體的每一條神經、肌肉、和纖維上。

飲食睡眠當有規律——飲食與睡眠須有定時的重要，乃是不容忽視的事。維護身體的工作既是在睡眠的時候作成的，則定時及充分的睡眠，實為必要，尤其對於年輕人，更是如此。

關於睡眠應有定時，此事更不該隨便。學生們不應養成白天睡覺而半夜點燈苦讀的惡習慣。他們若是在家慣於行此，就當改變這習慣，而按時就寢。這樣，便可清早起身，精神活潑，可以應付日常的工作了。

良好姿勢的重要——最重要的一件事，就是不論或坐或立都應有良好的姿勢。上帝所造的人是正直的；祂不但要人在肉體方面得益，也要他在心智與道德上得益；溫雅、莊重與沉著，勇敢與自恃，都是正直的姿勢大可促成的。教師在這事上當一面循循教導，並一面以身作則。指明何為正當的姿勢，並堅執要保持這種姿勢。

呼吸及聲調的訓練——僅次於正當姿勢的，乃是呼吸與聲調的訓練。那坐立正直的人，大概較比別人呼吸得正確些。但教師當使學生確知深呼吸的重要。當指明呼吸系統各器官的健康動作足以幫助人血液的循環，振奮全身的精力，增進食慾，幫助消化，使人獲

得安眠酣睡；這樣，非但使身體得到恢復，連心情也得到慰藉安逸了。在指明深呼吸的重要時，也須堅持實行深呼吸。當予以促進深呼吸的運動，並使之養成此一習慣。……

聲音的訓練在體育上也佔有重要的地位，因它足以使肺部擴張增強，藉以抵禦疾病。若想在演講或誦讀時有正確的發音，首須注重腹部的肌肉在呼吸時有充分的活動，使呼吸器官全無阻滯。發音時的力量當出自腹部肌肉，而不是由喉部的肌肉。這樣，方可避免喉部與肺部的過度疲勞與患嚴重的疾病。須特別小心，務使發音清晰，語調和緩平順而不過分急促。這非但能增進學生的健康，而且也能大大增加他工作的令人滿意與效率。

明白天然療法——清潔的空氣、陽光、節制、休養、適宜的食物、運動、水的應用，信靠神——這些都是天然的治病因子。每一個人對於自然的治病之功和應用的方法，都應有一種知識。我們應當明白醫治病人的原理，也當受一種切實的訓練，以致可以使用我們的知識，這兩樣都是一樣重要的。

總論——關於我們能為自己而行的事，有一點是我們應予小心詳加考慮的。那就是我們必須了解自己。我必須時刻學習如何照應這座宮殿，也就是上帝所賜給我的身體，以便保持其於最佳的健康情況中。我必須吃那些對身體最為有益的食物，也必須特別注意自己的衣著，以便有健康的血液循環。我不應剝奪自己的運動及空氣。

我必須盡所能享受陽光的益處。我必須聰明地擔任自己身體的忠心監護者。

我不應在出汗時走進寒冷的房子裏，因為這是很愚蠢的；我不應坐在風涼或通氣之處，讓自己傷風著涼，因為這是顯明自己乃不智的管家。我不應雙臂雙足寒冷地坐著，以致把血液由四肢驅回頭腦及體內各器官。在潮濕的氣候中，我必須經常保護雙足乾燥溫暖。我應當定時進食那最健康而能生產最好血液的食物。在我力能避免時，我不應毫無節制地過度操勞。

我們要個別向上帝負責——我們的身體，是基督付了代價買來的產業，所以我們不能依自己的意思對待身體。凡人既明白上帝在人體中所定的衛生之例，就該覺到服從這種規例的責任。這種服從原是一種個人的責任。若是我們干犯這種規例，受苦的還是我們自己。在上帝面前，我們各人也必交帳，自己承當我們的習慣和行為。所以我們的問題並不是「世界上的風俗是什麼？」而是「我個人應該怎樣對待上帝所賜給我的身體？」

個人學習單

第十三篇：體格發育

署名：

日期：

一、閱讀第 264-277 頁。

二、重點複習：

1 什麼事可以增加年輕人的精力？

2 誰是最快樂、也最健康的人？

3 什麼可以使學生的心思活潑？

4 對人類的始祖——亞當夏娃來說，工作帶給了他們什麼？

5 什麼是勞作訓練所能培育出來的習慣？

6 男女孩童在哪些家務上都該受訓練？

7 年輕人在成長過程中，應該學習什麼？

8 在什麼事情上，父親應該和兒子們一起工作？

9 什麼是關於手藝教育中，最有價值的部分？

10 若你在學科知識及勞作知識上，只能選擇接受單方面的教育，你應該選擇哪一項呢？

11 我們一切的行動，都源自何處？

12 身體器官的運作與心智有何關係？

13 哪一個學科的知識應該為一切教育努力的基礎？

14 上帝將管理身體的規律寫在哪裡？

15 僅次於正確姿勢的，乃是哪方面的訓練？

16 請列出上帝的天然療法。

Ⓐ

Ⓑ

Ⓒ

Ⓓ

Ⓔ

Ⓕ

Ⓖ

Ⓗ

三、評估你自己對於健康的態度：

與我的品格同樣神聖＿＿＿＿＿　所有健康習慣都保持均衡＿＿＿＿＿

生病時才想關於健康的問題＿＿＿＿＿　從不思考關於健康的問題＿＿＿＿＿

❶ 我自己的健康習慣有：

❷ 在這些部份，我需要改進：

四、問題與討論：

❶ 討論如何增進肌肉的健康，以及身體器官的健康狀態。

❷ 討論意志力在維持良好健康狀態上的重要性。

❸ 孩子應當如何發展心智與身體上的機能？

❹ 討論放縱──這世代最大的禍根。

❺ 清潔正直的良心與心靈和身體健康之間的關係。

❻ 工作與幸福──他們之間的關係。

❼ 有系統、定期規律的勞動及其訓練。

❽ 了解工作上的學問。

❾ 應不應該教導男孩如何做家事呢？

10 應不應該教導女孩修車方面的知識與技術呢？

11 設立目標做運動。

12 在現今的學校，是否還需要教導農業方面的知識呢？

13 大自然的定律與上帝的律法是什麼？

14 最偉大的醫師所開立的藥方是什麼？

15 規律的重要性為何？

五、個人默想：

1 我是否有教導孩子如何快樂地分擔生活的重擔？

2 我是否有教導孩子，工作乃是基本的事？

3 我是否儘可能在空氣流通的地方工作？

4 我的孩子知道如何料理食物嗎？

5 我在生理及衛生方面的知識是否充足？

6 我自己在進食及睡眠方面是否規律？

7 我的孩子在進食及睡眠方面是否規律？

8 我自己平時的姿勢是否正確？

9 我平時說話的聲調和語氣是否適當？

六、我今天花了 ______ 小時 ______ 分鐘的時間從事戶外勞動。

第 61 章　在廚房中的主婦

學烹飪是基本的藝術——烹飪這門學問，非同小可。……此項藝術是與人生有十分密切的關係，所以應算為一切藝術中之最有價值的。我們對此應當多加注意；因為若要良好的血液，身體是需要良好食物的。烹飪這門醫藥佈道工作，乃是保持人健康的基礎。

由於食物的烹飪不適口，健康改良的工作往往變成實行困難的工作。缺乏健康烹飪的知識，必須先予補救，然後健康改良的工作方能成功。

具有良好烹飪技能的人，現今已很少了。許多的母親需要學習烹飪的學問，以便能在家人之前擺上色香味俱全的健康食物。

簡單與變化乃是必要的——飯菜應當時常更換，不可天天老是

吃一樣的東西、一樣的煮法，免致生厭。因飯菜時常更換，食時必覺更有滋味，身體也更得營養。

甚至在餐桌的擺設，時髦與排場，也會發生有害的影響。食物的健康烹煮，現今變成次要的事。菜式太多花樣，會浪費人的時間、金錢、及勞力，而又沒有什麼益處。六道以上的菜色可能時髦好看，但這種風俗卻破壞了健康。有理性見識的男女，應當用教導及榜樣來譴責這種時髦。……如果餐桌的飯菜能夠更簡單些，只要營養足夠，這對於家人的健康可更好得多了。

耐心而愉快地教導孩子──母親們應在女兒們年幼時，帶她們同下廚房，教她們以烹飪的技術。

如果她們失敗一次、兩次、三次，也不可加以責難，因為灰心正在進行其工作，並引誘她們說：「這事無用！我辦不到！」這不是責難之時。女兒意志開始搖動。應當用鼓勵！愉快！樂觀的話來激勵她們的勇氣，例如說：「做錯了，不要緊，妳剛開始學習，自屬難免做錯，妳不妨再試一下。專心妳的工作，要很小心，妳一定會成功的。」

不讓孩子灰心冷淡──許多母親們不明白此項知識的重要，認為與其麻煩及費心去教導孩子們，在她們學習時忍受其失敗與錯誤，倒不如一切自己動手去做。當女兒們出力時有了失敗，便把她們支開，說：「真沒用！這也不行，那也不行。妳真是愈幫愈忙，把我

搞糊塗了，我真是自找麻煩。」

這麼一來，孩子們初次學習所出的力量和熱情被擊退，而初次的失敗也冷卻了她們學習的興趣與熱心，以致不敢再試，寧願作縫紉、針織、洗掃、或其他的工，而不願烹飪了。母親在此實是犯了大錯。她本當耐心地指教她們，以便她們藉著實習，獲得一種經驗

研究經濟；避免浪費——在各種的烹飪中，首當注意的問題是：「怎樣以最天然且最經濟的方式來預備食物？」應當小心研究，桌上的剩飯剩菜怎樣不至於糟蹋浪費。這種技巧經濟實惠及隨機應變，真是一份寶貴的財產。在比較溫暖的季節，預備的食物應當少量。多用一些乾質的食品。許多窮苦的人家，常有吃不夠，若肯查明自己為何窮苦，往往可能省悟，原來有許許多多零零碎碎的東西浪費了。

應予反省的嚴重問題——「你們或吃或喝，無論做什麼，都要為榮耀上帝而行。」（哥林多前書 10：31）在你們預備食物上桌及叫家人來進食時，有否這麼行呢？你們是否只將自己所知能製造最佳血液的食物，擺在孩子們之前呢？那食物能否保持他們的身體於極少刺激的程度？是否會讓他們處於生命與健康之最佳的關係中？這食物就是你們現在所研究要擺在孩子們之前的嗎？或是，你們不管他們將來的福利，而為他們預備那不健康、刺激性、及使人衝動的食物呢？

第62章 為生存而食

我們是由吃進的食物所建造的──我們的身體是由所吃的食物建造成的。人體的細胞，時時刻刻都在新陳代謝，每一器官的一舉一動，都有廢料發出，這種廢料要靠我們的食物補足。身體的每一器官，都需要一定的營養。腦筋要腦筋的養料、骨髓、肌肉、和神經各需它們的養料。至於食物如何化成血液，血液又如何化成身體的肌肉筋骼，這實是一種神妙的作用，而且這作用是繼續不停的，因其神經、肌肉、及體素就能得到精神和活力。

教育口味及食慾──孩子從嬰孩時期成長到青少年時期的時候，父母必須注意教育他們的口味與食慾。往往有許多做父母的，隨孩子在無論什麼時候去吃他所歡喜吃的食物，對於身體有益有害都不問。那往往耗費在預備美味而無益於身體之物的金錢和心思，

會使孩子以為人生的最高目的和最大樂趣，就是放縱食慾，大吃大嚼。這種教育的結果就是貪吃，跟著便是生病。……父母應當訓練孩子的食慾，禁止無益的食物。

靈力、智力、及體力都受飲食的影響——母親們若付出健康及快樂為代價，來滿足孩子們的慾望，那便是播撒禍害的種子，它將來必會生長及結果的。恣情縱慾，會隨著幼童們的生長而俱增，他們的智力及體力，也都慘遭犧牲。

選擇最好的食物——若要知道什麼是最好的食物，我們就必須研究上帝最初所給人類食物的計畫。祂創造人類，也明白人類的需要。祂給亞當所定的食物，……五穀、水果、硬殼果、及蔬菜。這些便是創造的主為我們所選擇的食物。

順從未受訓練的食慾——在車上的時候，我聽到父母們提到其孩子的食慾總是挑剔，如果無肉無甜點，就吃不下飯。到了中午進餐時，我觀察他們所給這些孩子食物的內容。原來是細白的麵包，夾著黑胡椒的火腿片，香辛的泡菜、甜點、及醃漬的食物。從這些孩子蒼白萎黃的氣色，可以一望而知他們的胃正是慘受蹂躪之苦。其中有兩個孩子，看到別家的孩子們要吃酪餅，便對面前的食物沒有胃口，直到其百般姑息的母親拿一塊酪餅來求他們吃飯，生怕自己寶貝的孩子們吃不下飯。這母親還解釋說：「我的孩子們十分喜歡吃這個或那個，我也讓他們吃他們所喜歡吃的；因為他們的食慾

所要的，就是身體需要的食物。」

如果他們的食慾沒有偏差，這話也許是對。須知食慾有天然的和敗壞的兩種。父母們若教導其孩子們從小食用不健康及刺激的食物，直到口味有了偏差，想吃土塊、粉筆、燒焦的咖啡、攪碎的茶葉、香料、丁香、及各種調味品，那就不能說這種食慾是要求身體所需要的食物了。這種食慾已受錯誤的教育，直到敗壞了。胃這個精細器官已被刺激及灼燒，終至失去其靈敏的感應性。簡單而健康的食物，對於他們似乎是毫無味道。那被濫用的胃不能進行原本交給它的工作，除非是用最有刺激性的材料來強迫它。這些孩子們，如果從襁褓時期起，只給他們那些有益健康的食物，經過最簡單的方法來烹飪，儘量保留其原來天然的性質，戒用肉食、油脂、及各種香料，他們的口味及食慾就不至於受破壞了。那保持天然狀態的食物，大可顯出是最適合身體需要的食物。

克服不自然的食慾──慣食豐膩而多刺激性食物的人，有一種不自然的胃口，一時之間自不能愛好清淡簡單的食物，必須經過相當的時間，才能使食性回返自然，使胃從以前所受的虐待恢復原狀。但是只要堅持到底地吃合乎衛生的食物，不久就能領略菜蔬的美味，食時也必格外覺得愉快，而且胃既恢復了原狀，不因刺激物而發炎、不因不易消化的食物而負荷過重，就能很靈敏地做它消化的工作了。

健康性的飲食不算是犧牲──父母應該教導孩子管束食慾，遵

守衛生之道。然而在教導的時候，須使孩子明瞭他們所節制的那些食物是對身體有害的。他們捨棄有害的，無非是因為要得到有益的。每餐的桌子上應有好看好吃的食物，就是上帝憑著祂豐盛的恩惠所賜給世人的。

應考慮季節、氣候、與職業——一切有益健康的食物，未必在一切情形之下都合於我們的需要。我們在揀選食物的時候，應當十分謹慎。我們的食物須適於季節，適於我們所居之地的氣候，和我們的職業。有些食物適於這一種氣候，卻不適於另一種氣候；也有的食物則適於這種職業的人，而不適於別種職業的人。往往那做操勞工作之人所可吃的食物，就不適於那終日靜坐苦用心思的人。但上帝為我們預備了很多種類的補身食物，各人應憑經驗和靠判斷，來選擇最合於個人需要的食物。

烹飪要用智慧及技巧——飲食單為口腹，這是不對的，然而飲食的品質和烹飪的方法，卻也不可不講究。口裏所吃的，心裏若是不喜歡，身體就不會得最大的益處。所以食物的選擇不可不計議考慮，烹飪不可不求其精明技巧。

「我們什麼都可以吃」——我認識有一家的人，就是這麼會為客人大擺餐食的。他們對自己的家人，飲食毫無規定。每餐食物，都是隨妻子及母親的方便來預備。雖然他們能為客人大擺那麼一桌子的飯菜，但平常沒有客人時，往往所見到的，是桌子靠著牆邊的

冷飯涼菜，根本無法引起人的食慾。「只有我們自己人時，」他們說：
「我們是什麼都吃的。」

當使進餐時間成為愉快的交談機會——膳食的時間，應為一個
互相交談振作精神的時間。凡足以使人憂慮或不愉快的事情，都須
置之度外。

父母不應當採用一些不合理的方法，以致使餐桌成為養成孩子
反抗精神的地方。全家的人應當存著快樂而感謝的心情進食。

教導孩子何時吃，如何吃，及吃什麼？——孩子們多半未被教
導以何時吃，如何吃，及該吃些什麼的重要性。父母們讓他們隨意
放縱胃口，隨時進食，見到蘋果便嘴饞而自行取用；平時也是幾乎
不停地吃糕餅、點心、麵包、奶油、及各種甜品，以致變成貪饞而
胃弱之輩。他們的消化器官，猶如磨石不停轉動，變成軟弱無用，
而要由頭腦支取精力來幫助胃進行其工作，這麼一來，腦力也便衰
弱了。這種不自然的刺激及精力的消耗，使他們神經衰弱，沒有耐
心約束之力、剛愎、及急躁。

父母們痛心其兒女們有了這些惡習，卻不知道這是由自己的不
良管理而招來的禍害。他們沒有見到孩子們有約束其食慾及情慾的
需要，以致這些隨他們的年齡而俱增及加強。母親們親手預備及放
在孩子們眼前的食物，卻是對他們的體力及智力有害的。

兩餐之間不可吃零食——胃必須予以小心照顧，不應使其不停地工作。應當給這被人過分濫用的器官，以平靜休息的機會。……

在正餐吃過之後，應讓胃休息五個鐘頭。在下次進餐之前，不該有任何食物進入胃中。在此間歇時間內，胃可進行其工作，然後才可接納更多的食物。

吃宵夜乃是一種惡習——還有一種害身體的習慣，便是在臨睡時進食。晚飯或已吃過了，但因覺得疲乏無力，就再吃一些食物。久而久之，這種貪吃的心理，就因放縱而成習慣，甚至臨睡之前，不吃就無法入睡了。殊不知因為臨時進食或晚餐過遲，胃就不得不在睡眠的時間仍進行消化的工作；但胃的工作，雖然進行，卻不能有良好的效果；而且睡眠不能酣熟，往往要做惡夢，早晨醒來，必覺全身不爽，早餐也就沒有胃口。我們在到床上休息時，胃的工作應當完全結束，那麼胃就得與身體及其他器官同得休息。對於整日靜坐的人，尤其遲緩的晚餐是有害的，且容易發生致死的疾病。

早餐十分重要——妳的孩子有神經衰弱，浮躁不安的氣質，她的飲食尤當特加小心。不可讓她選吃那徒滿口味之慾而無良好營養的食物。……切不可讓她不吃早餐，空肚子上學。對於此事，切不可大膽冒險地隨自己的心意而行。應當完全置身於上帝的管理之下，祂會幫助妳，使自己的一切心願與祂的要求能調合而並行不悖。

社會的風俗習慣，流行輕便的小早餐，但這卻不是善待你胃的

上策。早餐少吃，晚餐大吃，這種習慣乃是大錯特錯。應當使早餐作為幾乎是這一天中最開心滿意的一餐。

此事當由父母主張，不應聽孩子指使——應當教導他們克服自己的食慾，對上帝所賜的簡單平常的食物滿心感謝歡喜。你們不應聽孩子的指使，說他們當吃什麼，而是你們應當主張，什麼食物對他們最有益處。你們不應當讓他們單單因為自己的喜歡，而選取那些無益的食物。父母的經驗，應在兒女的生活上有一種控制的力量。

第 63 章　凡事節制

人生病苦多由不節制而來——人生病苦的根源，大半是出於不節制。每年受其戕害者，成千累萬。總而言之，任何有害的恣情縱慾或飲食無度之舉，也都可算在內。

在讀書方面——讀書時若不節制，就猶如酩酊醉酒一般；沉迷讀書的人，好像醉漢偏離正道，易陷入黑夜之中。主要每位學生記住，應當專神注目神的榮耀，不可消耗其體能與智力去追求一切能得的科學知識，乃當保養其全部精力新鮮活潑，從事主所委派的幫助生靈同登義路的工作。

在工作方面——在操勞方面，也應當有節制。我們的身體，本不是要自置於鞠躬盡瘁的境地。有些人有時或有此必要，但他們只能算是例外，不能當作常規。我們應當實行凡事節制。我們若盡自

己的分尊重主，主也會盡祂的分保養我們的健康。我們對於本身的各器官，應有聰明的管理。若在飲食、服裝、操勞、及凡事上實行節制，我們就會好好照顧自己，這是醫生所辦不到的。

照理來說，白天的操勞不應延長到傍晚。……我蒙指示，凡如此行的人，因其精力消耗，及精神緊張地工作，往往會得不償失。他們或許不覺得有何眼前的傷害，但他們卻是切實摧殘自己的身體。

凡在規定的時間內，克盡心力，完成諸多的工作，而在理性告訴他們應當休息的時候，仍然繼續操勞的人，他們是絕不會得益的。他們是借債度日，他們耗費那將來要用的活力。他們這樣浪費精力，等到正要用力時，力不從心地失敗了。體能消耗之餘，智力也甚衰弱。他們曉得自己已遭到損失，但卻不知錯在那裏。在有需要時，他們的體能資源卻衰竭了。凡是犯健康律法的人，總有一天會成為受害者。神賦予我們體能，以應人生不同時期的需要。我們若繼續操勞過度，浪費了此精力，則早晚必成為失敗者無疑。

在服裝方面——衣服在一切方面必須合乎衛生，因上帝要我們「凡事興盛，身體健壯，」（約翰叁書第 2 節）——靈體和身體都強壯。我們須與上帝合作，以求身體和靈體的強壯。合乎衛生的衣服，能促進身體和靈性雙方的健康。

在飲食方面——真實的節制之道，教我們完全遠避各種有害之物，並對有益健康之物，妥善採用。現今照理應當明白自己的飲食

習慣，是與其健康、品格、今生的貢獻、及永恆的命運有何等重大關係的人，真是鳳毛麟角！

凡在飲食及工作上不節制及不合理者，他的談話及行動也會不合理。人不需要喝酒才會不節制。飲食不節制之罪，如頻繁進食，吃得太多，及採用油膩、不健康的食物等，都會敗壞消化器官的健全功用，影響頭腦，顛倒是非，及阻止人作合理、鎮靜、健全的思想與行動。

特別小心進食過量——十居其九，進食太多會比進食太少，有更大的危險。……許多的病人，身受非病之苦，其病因便是放縱食慾。他們以為如果食物是對健康有益，不妨隨意儘量多吃。這乃是一大錯誤。體力衰弱的人，應當飲食適量，然後身體才能容易進行其工作，勝任愉快，而避免諸多的病苦。

家庭生活無論繁瑣，都當實行節制——我們堅信家庭生活無論繁瑣，都當實行節制的原理；父母應當在節制之道上以身作則，應當教導兒女克己自制，從襁褓時期起，就當予以貫徹實行。

無論在家庭或在教會，我們都當高舉基督教的節制道理。這應當是一種活潑有用的元素，會改良人的習慣、氣質、及品格。

第 64 章　家庭與節制運動

　　不節制之罪，風行世上——不節制之害（指酗酒），現仍繼續
猖獗風行。各種不法之事，猶如堅柵當道，阻擋真理及公義前進。
由無知及邪惡生的種種社會不法行為，現仍引起無窮的禍患，並給
教會及國家投下痛苦悲傷的陰影。

　　不節制之害往往是由家庭放縱生活的後果——不節制之害的根
底，除了吸菸飲酒之外，我們還得作更深入的研究。懶惰、缺乏志
向、以及濫交等，都可能是招致不節制的因素。那些自以為力行節
制的家庭，在飯桌上卻往往顯出不節制的情形。凡阻礙消化的，使
精神額外興奮的，或是任何足以使身體軟弱，妨害身心能力，使呈
不均衡現象的，都足以削弱心智，使身體不受它的管束，這樣就傾
向於不節制的行為了。許多很有希望的青年們之所以墮落，追源溯

始，往往就是那不合衛生的飲食所引起的不自然嗜好。

教導孩子厭憎刺激品——應當教導孩子們厭憎刺激品。可惜現今有多少人在不知不覺之下給他們養成了對這樣毒品的慾望啊！

上帝呼召父母們要保護其孩子們免受放縱食慾之害，尤其是應禁用刺激品及麻醉劑。基督徒父母們的桌上切不可擺上那含有調味品及香料的食物。他們應研究如何保護胃免被濫用。

在這奢侈淫佚的時代，食物愈少刺激性愈好。凡事節制及堅決管束食慾，這乃是唯一安全之道。

節制並非可笑之事——許多人看節制這個問題為可笑之事。他們宣稱，主不會關心我們這類飲食小事。殊不知主若不關心這等事，祂就不必親自向瑪挪亞的妻子顯現，給她肯定的指導，兩番叮囑她小心注意，免得忘記。這還不是足夠的憑據，說明祂注意此事嗎？

從家庭到學校，不停施教導——要忘掉生來放縱的惡習及養成的不良食慾，這是一件最難的事。不節制之鬼，是不易打敗的。它有巨大的力量及難以克服。可是父母們應當在自己的家中就開始，這節制運動，從嬰兒時期起就將這些原理教導其孩子們，這樣方可有望成功。母親們哪，妳們若利用上帝所賜的寶貴光陰來培養、啟發、及訓練自己孩子們的品格，教導他們嚴格實行這些在飲食方面的節制原理，這種工作是值得的。

應當說明些微偏差也會有大影響——抵禦罪惡，必須在其起初時實行。在教導青年人時，須使他們明確地知道即使只是些微的偏差也會有大影響。

上帝呼召我們挺身站立在有關飲食服裝方面應當實行節制之道的高台上。父母們哪，你們能否覺悟到上帝所交給你們的各種責任呢？應當研究健康改良的原理，教導孩子們知道克己之道便是唯一安全之道。

第十四篇：維持體格健康

署名：＿＿＿＿＿＿＿＿＿＿

日期：＿＿＿＿＿＿＿＿＿＿

一、閱讀第 282-297 頁。

二、重點複習：

1 在一切藝術之中，最有價值的是哪一項？

2 我們在宗教上的本份是什麼？

3 哪兩件事是男孩和女孩都應該學習的？

4 身體需要什麼來修復需要代謝的組織？

5 靈力、智力、體力會受什麼所影響？

6 列出四種在太初時期上帝在人類的食物計劃中所定的食物。

7 用餐時間時，應當將哪些事置之度外？

8 為什麼用餐應該有特定時間？

9 兩餐之間胃應當休息多久？

10 早餐應該成為是什麼樣的一餐？

11 生活中病痛的根源，大多出於什麼原因？

12 毫無節制的讀書猶如什麼？

13 當我們在工作上過度操勞，便是借什麼來度日？

14 如果我們有節制，在吃的方面我們會避免什麼？

15 不節制的習慣通常是從何處開始的？

16 什麼才是我們通往安全的唯一途徑？

17 節制和自制的功課應當自何時起，開始教導孩子學習？

18 每個家庭和每所學校都應該教導什麼？

298

🔟 年輕人應當在心中牢記什麼教訓？

三、評估自己在節制方面的表現：

（過度／適量／不足）

飲食_____　_____　_____

睡眠_____　_____　_____

工作_____　_____　_____

讀書_____　_____　_____

四、問題與討論：

1️⃣ 請比較健康習慣的養成及破壞。

2️⃣ 健康的烹飪與幸福及健康之間的關係。

3️⃣ 人如其食——我在食物方面的選擇與我身心靈方面的狀態有何關係？

4️⃣ 食慾／胃口不正常的原因為何？

5️⃣ 應該摒棄食用所有肉類食品的原因。

6️⃣ 為何在用餐時應該摒棄／放下所有不愉快之事？

7️⃣ 為何在兩餐之間連少量食物都不應該吃？

8️⃣ 早餐——它應該是什麼樣的一餐？

9️⃣ 討論食慾的放縱 v.s 節制。

🔟 節制與成聖之間有何關係？

五、個人默想：

1️⃣ 我是個好廚師嗎？

2️⃣ 我在兩餐之間會吃東西嗎？

3 我在用餐時會聊開心、愉悅的事嗎？

4 我在工作方面是否節制？

5 我在讀書方面是否節制？

6 我在飲食上是否過量？或過少？

六、說出一件我身為（丈夫、妻子、兒子、女兒）可以使用餐時間更為
　　愉悅的事。

服裝合宜

Child Guidance

第 65 章　服裝端正的福惠

端正合宜——我們在服裝上，正如在其他一切事物上一般，都有權利尊榮我們的創造主。祂希望我們的衣服不但要整潔而且合乎衛生，也當適宜合乎體統。

我們應當力求在儀表方面有最佳的表現。在聖所的崇祀上，神對在祂面前供職之人的衣冠，有特別詳盡的指示。由此可見，神對凡事奉祂之人的服裝，是非常重視的。關於亞倫的衣袍，神曾提出十分清楚的說明，因為他的服裝原是一種表號。基督徒的服裝，照樣也當作為表號。我們應當在凡事上代表基督。我們儀表的每一方面，都當有整齊、端莊、及純潔的特色。

自然界的表現——祂指著田間的野花和含苞初放的百合花說：「所羅門極榮華的時候，他所穿戴的，還不如這花一朵呢。」（馬

太福音 6：29）基督這樣說是要藉自然之物，表明上天所重視的美是怎樣的美，使我們知道怎樣穿著樸實、清潔、風雅的衣服，來討主的喜悅。

由服裝樣式可辨別——人的服裝及其穿著方式，大半可表明他是何等樣的男女。

我們可從人所穿著的服裝樣式，來辨識該人的品格。一個端莊、敬虔的婦女，她的服裝一定很正派。文雅的性趣，及有修養的心思，都會在選用簡樸、合宜的穿樸、合宜的穿戴上，表露出來。……女人在服裝及儀態上，簡樸無華，適足表現她明白真正的女人本色，貴乎有道德上的價值。簡樸的服裝，何其動人，何其生色，這惟有田野中的百花，方可比其天然可愛之美。

宣揚端正妝飾——我請求信徒們，在神前行動務要小心謹慎！流行的服裝，若是不悖健康原則，我們方可效法。但願教會姊妹們，服裝樸素，像許多人一樣，採用良好而耐久的質料，製作現代合宜的穿著，別讓服裝的問題傷盡腦筋。教會姊妹們應當穿著簡單大方，以正派衣裳為妝飾，廉恥自守。給世人一個表現神恩為內心妝飾的活榜樣。

流行的服裝若是正派、有益健康的，方可效法——基督徒不應費心穿著與眾不同的服裝，來吸引人的注意。但她們若是隨著良心的指示，就會穿著正派而健康的服裝，雖然不合潮流，但也不應改

裝以效法世界；乃當表現高尚的個性，及向善的道義勇氣，不必隨波逐流，即使與世界潮流相反，亦在所不惜！

如果世人所提倡的是正派、便利、及有益健康的服裝，而且是合乎《聖經》的教導，我們就可予以採用；因為此舉並不改變我們對神和對世界的關係。基督徒應當效法基督，而使自己的服裝合乎《聖經》的原則。

避免極端——別浪費光陰在服裝方面，追隨盲目愚昧的時尚潮流。服裝應當整潔而合宜，切不可穿著過多或太邋遢，而使自己成為眾議之的。你在行動時，應當想到這是在天庭觀看之下，而你所過的是否能蒙神嘉許的生活。

注意服裝，別與反對驕傲奢華混淆不清——有些人，常把反對驕傲奢華與服裝混為一談。他們輕看自己的衣冠，視污穢為清高，穿著不整齊又骯髒；他們的服裝，往往看來似是亂袍加身。這些人衣衫污穢，而又偏偏大談反對驕傲奢華。他們把文雅整潔與驕傲奢華混為一談。

基督發出的警告——基督注意到那些專門講究衣冠的人，便發出警告，也可說是命令，叫門徒們別太用心在此事上。祂說：「何必為衣裳憂慮呢？你想野地裏的百合花，怎麼長起來？它也不勞苦，也不紡線；然而我告訴你們，就是所羅門極榮華的時候，他所穿戴的還不如這花一朵呢！」……在衣飾方面的驕傲與奢華，對於有此

嗜好的婦女，簡直是罪惡；因此這些忠告，對婦女尤其直接有關。一切金銀珠寶或華貴的衣飾，若與基督的溫柔謙卑相比，自是草芥不如。

《聖經》給神子民的勸導──我蒙指示以下的各節經文。天使說：「這些經文是勸導神的子民的。」提摩太前書 2：9 ── 10 說道：「又願女人廉恥、自守，以正派衣裳為妝飾，不以編髮、黃金、珍珠、和貴價的衣裳為妝飾；只要有善行，這才與自稱是敬上帝的女人相宜。」彼得前書 3：3 ── 5 亦說：「你們不要以外面的辮頭髮、戴金飾、穿美衣為妝飾，只要以裏面存著長久溫柔安靜的心為妝飾；這在上帝面前是極寶貴的。因為古時仰賴上帝的聖潔婦人，正是以此為妝飾。……」

許多視這些勸告太古老的人，尤當注意這些經文，因為那以這些勸告指示門徒的主，深知現代貪愛裝飾的危險，才給我們發出此項警告。我們是否要聽從此警告，而變成聰明呢？

凡誠心跟隨基督的人，對自己的衣著必以良心為指導；他們務須竭力遵行主所明白吩咐的要求。

服裝樸素的見證──我要向青年姐妹們推荐的，就是簡樸無華的服裝。妳們向人發光的最佳方法，無過於簡樸純良的服裝及品行。妳們可向眾人表明，在與永恆事物相形之下，應將今生的事物安置於切當的地位上。

端莊會杜絕許多的危險——我的姐妹們哪，應當遠避不良的妝扮。在這邪惡的世代，不法風行，若無保障，就不安全。端莊及美德，很是罕見。我奉勸妳們身為基督門徒的人，應當以寶貴無價的端莊為珍寶，來表現高貴的身分，這乃是德行的保障。

一個年輕的女子如果在服裝上雅潔樸素，在舉止上謙恭有禮，再加上一種端莊貞嫻的氣質，則對於她足為抵禦種種危險的盾牌。

獲准進入天國的唯一服裝——有一種服裝，是每個孩子可放心追求的，那就是聖徒的義。只要他們甘心求取及保全這種服裝，一如他們追求社會標準和時尚那樣，他們不久就要被披上基督的義，而他們的名字也不會從生命冊上被塗抹了。父母們、孩子們哪，你們應當祈求主，「為我造清潔的心，使我裏面有正直的靈。」（詩篇 51：10）這純潔的心及可愛的靈，不論在今生及永恆，都是比精金遠為寶貴得多！只有清心的人，才能觀見神。

因此，父母們哪，應當教導妳們的孩子們，說明基督的義乃是使他們獲准進入天國的唯一服裝，並且穿上此衣服，他們才能在今生時刻克盡本分，榮歸於神。

第 66 章　穿著打扮的基本原則

教育的必要部分——教育若不教導人關於服裝的正當原理，就不能算為完全的教育。教育的工作若不注意這一方面的道理，就往往過於迂緩遲鈍，遠離教育的宗旨了。

記住主葡萄園的需要——我們的衣著應當整齊而美觀。我的姊妹們哪，在妳們為自己和兒女購買衣服時，應當記住在主的葡萄園中尚待完成的工作。

世俗的人在服裝上花費很多的錢。但主已吩咐祂的子民離開世界，分別出來。奢華或過於貴重的衣冠，對於凡自稱相信我們是生於末世的人，乃是不合適的。……

在花錢購置衣服上，應當實行經濟的原則。記住你的衣著，對

於與你所接觸的人，會不斷造成影響。不要在你自己身上浪費許多在別處大有用場的金錢。不可花用主的錢，來滿足自己購買貴重衣服的習性。

非為炫耀——真實的文雅，並不以打扮身體來出鋒頭為滿足。《聖經》教導人服裝要正派端莊。「又願女人廉恥、自守，以正派衣裳為妝飾。」（提摩太前書2：9）這裏禁止人在服裝、炫耀的色彩、奢侈的妝飾品上出鋒頭。在服裝上克己，這乃是我們基督徒的本分之一。

服裝樸素大方，不用各種珠寶裝飾，這正是符合我們的信仰。我們是否列於那些能看出醉心世俗、奢侈裝扮、貪愛宴樂的愚昧的人中呢？

真實之美的吸引力——他們若保持自己有健康的體格及可愛的性情，就必擁有真實之美，而能佩上神的恩典。這樣，他們就不必什麼虛表的妝飾，因為這些只能表示人缺乏那有真實道德價值的內在妝飾罷了。在上帝眼中看來，美麗的品格是很寶貴的。此種美富有吸引力，而非欺人迷人的。這些可愛的飾品，色澤常新，絕無褪色之虞。

教導孩子重視合理的服裝——教他們在服裝方面，分辨什麼是合理，什麼是愚蠢，並供應他們以整齊簡樸的衣服。我們既是預備等候基督的人，就當採用與目前流行的時髦相反的正派服裝，給世

人留下一個好榜樣。

與年齡及身分相配的合式服裝──我的姊妹啊，供應兒女合式的衣服，使他們不至於因為自己的儀式而沮喪，以致損及自尊心。……服裝應整齊而合式，有一種與孩子的年齡及身分配合的風度，這總是不會錯的。

不可使身體受縛束──服裝應當寬舒合身，不可阻滯血脈的流通，也不可妨害自由、充分、自然的呼吸。雙足亦當妥予保護，不容著涼及潮濕。我們的穿著應當是，在光天化日之下便於運動，甚至在天氣變化的時候，也不怕傷風著涼。

幼童的服裝──孩子的衣服，若能兼有溫暖、護體、和安適這三種作用，那麼孩子躁怒不安的大原因之一就可以免除了。孩子的身體必定更加健康，母親照料孩子也可以省卻許多光陰和精力，不致不能勝任了。

衣服的腰身過窄，或是裏帶太緊，都足阻礙心肺的動作，不可不加防免。身體的各部分，必須隨時保持舒適，不可受衣服約束，礙及自由行動。孩子的衣服尤須寬大輕鬆，使呼吸有絕對的自由。

四肢應予保護──父母若讓孩子的四肢裸露，或近於裸露，那便是把孩子的健康及生命犧牲給時髦了。這些部分若不像軀體那樣溫暖，血脈的流通就不會平衡。那遠離主要器官的四肢若沒有保暖，

血液就會被驅入頭部，而引起頭痛及流鼻血；或是有了胸脹之感，發生咳嗽或心悸，因為該部分有了太多的血；或是胃部因太多的血，而致消化不良。

母親們為要追隨時髦，讓孩子們的四肢近於裸露，以致該處的血液因為受涼，發生循環及生產方面的疾病，結果是手腳經常冰冷。

撒但發明各種時髦的服裝，讓四肢裸露，使生命之流受涼而由原道退回。父母們拜倒時髦的寶座之前，讓孩子們穿著那會使神經及脈管收縮的衣服，違背了上帝要他們當行的旨意。父母們若不順從理性而順從時髦，以致剝奪孩子的健康，甚至連生命也往往犧牲給時髦之神，他們是應向上帝負責的。

去做禮拜時所穿的衣服——不應穿著炫耀的衣服，因為這是會鼓勵人生褻慢而不敬畏的精神。人們的心思往往會注意到這樣或那樣的華美衣服，以致那些本來不應存在敬拜者心中的雜念，紛紛竄入。上帝應當是人敬拜的目標，思念的主題；凡引人不注意那莊嚴神聖聚會的，便是褻瀆祂。各種花枝招展的裝飾，彩帶綢巾，羽毛繽紛，及金銀珠寶的飾品，都是拜偶像之屬，完全不合乎敬拜上帝的神聖聚會。

另有些人接受一種意見，以為要照《聖經》主張，不可效法世界的原則，便不注意自己的服裝。衣衫又髒又縐，甚至於破裂，顯出污穢不潔的樣子。

　　服裝不應成為爭辯的題目──服裝的問題毋須成為你的信仰主題。有些更豐富的材料可以講論。講論基督吧！當人心悔改時，凡與《聖經》不合的都會逐漸被除掉。

第 67 章　小心時髦的迷人魔力

　　時髦就是暴君統治者——時髦統治人間；她是一個專制女暴君，往往壓迫她的臣民作表面上的服從和效忠。她橫徵暴歛，無理無情。她擁有魅人的魔力，並隨時批評及譏誚一切不隨從她潮流的人。

　　一般富有的人都喜好爭奇鬥豔的競爭，隨從她那千變萬化的花樣；而中等階級和比較窮苦的人，卻又竭力想要達到那些有錢人所立的標準。儘管他的經濟能力有限，但想擁有上等氣派的野心卻很大，因此所產生了他們所無法負荷的重擔。許多人對於自己的衣服，不管是多麼合適，多麼美好，但只要一退流行，他們就重新購買或訂做，甚至棄置不用。

　　時髦的法令朝夕改變，貪得無饜，其策動者與主謀人，便是撒但。他日夜忙於發明一些對於身心健康顯然有害的新奇事物；他對

自己的成功策劃，感到勝利高興。死亡見到那些跪倒在時髦御前的人，知道他們是戕害健康、愚蠢盲從，輕易受騙，便竊笑不已。

盲目追求服裝流行乃是一種道德上的疾病。這是不應傳入我們基督徒的新生命中的。大體來說，人如果順服《聖經》的要求，就會在服裝有切實的改變。

有些人所付出的代價——所謂流行服飾，與《聖經》的原則是多大的懸殊啊！想想看，近百年來，或近幾十年來，人類服裝的式樣，……有多少是敬畏上帝高尚莊重的婦人不宜穿的……許多可憐的女子，為了新潮的外衣式樣，就犧牲了溫暖厚實的內衣，拿性命來付時髦的代價。還有許多人，為了貪羨富人的華美和裝飾，情願受誘惑流落到犯罪的地步。許多家庭犧牲了生活上的安康，許多做丈夫的被迫淪落到經濟破產的地步，只是為了要滿足妻子和兒女奢華的要求。

崇拜時尚，危及孩子一顆得救的心——驕傲與虛榮，風行各處，那些喜愛攬鏡自豪的人，對於上帝的律法，偉大的道德明鏡，根本懶予理會。此種對時尚的崇拜，會破壞品格上一切謙卑、溫柔、與可愛的美德。

喜愛炫耀，傷害家庭元氣——撒但運用其伎倆，發明各種時髦的服飾，使現代自稱為基督徒母親們的心思、精神、及情感，都被喜愛炫耀的虛榮念頭所迷醉，以致無暇教育訓練兒女，及培養自己

的心思品格，成為兒女的楷模，善行的榜樣。小孩子們所聽到的關乎救恩的題目，還沒有談論服飾的問題那麼多。因為母親熟知時尚資訊，過於知道救主信息。

父母們哪，應當小心——父母們往往給兒女穿著華侈的服飾，佩戴炫耀的飾品，然後公開讚美他們的穿戴，嘉獎他們的儀表。這些糊塗的父母們，若能見到撒但多麼贊同他們的努力，及慫恿他們作更大的蠢事，就必滿心驚惶不置了。

許多母親們遇到的難題——妳們的女兒們，若見到一套與自己所穿的不同服飾，勢必也想要一套與其相同的服飾。或者她們見到別人有些什麼其他的東西，她們也想要，但妳們卻覺得，若是答應她們此事，將對自己的信仰不合。難道要讓她們向妳們撒嬌癡纏取得之，由她們來塑造妳們，而非由妳們來照福音的原則去塑造她們嗎？我們的兒女，在上帝的眼中是極寶貴的。讓我們教導他們上帝的道，並訓練他們行在祂的路上吧！這是妳們的特權，教導兒女過一種能蒙上天嘉獎的生活。……

讓我們別鼓勵兒女隨從世上的時髦吧！我們若忠於施授正當的訓練，他們就必不如此行。世上的時髦，往往有荒唐古怪的形式，妳們必須採取堅決的反對立場。

個人學習單

第十五篇：服裝合宜

署名：

日期：

一、閱讀第 302-314 頁。

二、重點複習：

1 上帝希望我們的衣服應當符合哪四項條件：

Ⓐ

Ⓑ

Ⓒ

Ⓓ

2 我們的儀表應當具備哪三種特質？

Ⓐ

Ⓑ

Ⓒ

3 從我們服裝的哪方面可以表明我們的人品？

4 我們應當追隨潮流嗎？

5 我們行動之時，應當顧念誰的眼光？

6 我們在服裝上的合宜及整潔應該注意何事？

7 聖經中的哪一些章節，在服裝上給予我們永不過時的準則？

Ⓐ

Ⓑ

8 什麼樣的服裝會保護一個謙恭有禮的女子免於危險？

9 基督徒在服裝上應當注意什麼？

10 一個人的服裝應當怎樣才是合宜的？

11 身體的四肢應該如何照顧？

12 什麼樣的服裝會鼓吹人產生不敬畏的精神？

13 在教會服事，我們應當穿著怎樣的服裝？

14 一味崇尚時髦及服裝可以帶來什麼樣的破壞？

15 當撒但想佔有一個母親的心思意念時，他會運用什麼樣的伎倆？

三、評估你在服裝上的表現：

合宜的＿＿＿＿＿普通的＿＿＿＿＿ 邋遢的＿＿＿＿＿炫麗俗氣的＿＿＿＿＿

1 我最合宜的裝扮是：

2 我尚待改進的地方是：

316

四、問題與討論：

1 什麼樣的服裝是合宜的？

2 一個人的品性如何透過外在的服裝來表現？

3 何時跟隨服裝的時尚潮流才是安全的？

4 在服裝上務求簡單樸素是什麼意思？

5 天國的衣服是什麼模樣？

6 所有的復臨信徒都應該穿一樣的衣服嗎？穿制服嗎？

7 真正的美是什麼？

8 服裝應與一個人的年紀與身份相合。

9 對服裝潮流的崇拜與追求。

10 在服裝方面我們應當如何教導孩子？

五、個人默想：

1 我的服裝整潔嗎？

2 我的服裝有益於健康？

3 我的服裝合宜嗎？

4 我的服裝與我相稱嗎？

5 我的服裝乾淨嗎？

6 我的衣著樸素大方嗎？

7 我的服裝品質好嗎？

8 我的服裝搭配適當嗎？

六、列出一種讓我能以服裝做見證的方法。

Child Guidance

第 68 章　色情泛濫的時代

不法之事增多的時代——我們是生活於末日危險的世代中。只因不法之事增多，許多人的愛心才漸漸冷淡了。這裏所提到的「許多人」，乃是指那些自稱為基督門徒之人而言。他們受風行的不法之事所影響，背棄了上帝，然而他們受這樣的影響，卻不是必要的。這種墮落的原因，乃是由於他們未曾完全遠離不法之事。

淫書淫畫的毒害——人們看了淫畫，讀了淫書，煽起了眼目的情慾與邪情惡念。胡思亂想，使人的心思敗壞。人的頭腦也迷醉於這類喚起下流卑賤情慾的景象。這些由污穢的想像而見到的色情形像，腐化了人的道德，及使受欺哄被糊塗之人的邪情惡慾，猶如脫韁野馬。緊接著便是犯罪作惡，而使那原照上帝形像而造的人墮落到禽獸的地步，而終於沉淪滅亡（參閱馬太福音 24：12）。

撒但攻擊青年人——當此末世時，撒但的特別工作便是佔據青年人的心思，腐化其思想，煽動其情慾；因他知道這麼一來，便可誘發污穢的行動，以致全部高尚的心思功能，變成墮落下流，而他便能控制他們，使之迎合他的心意行事了。

未來社會縮影——今日的青年，乃是未來社會真實的縮影；當我們見到他們現在的情形，對於前途有何希望呢？今日大多數的人，貪愛逸樂，厭惡工作。……他們罕有自制之力，在極輕微的情形下，也會激動及發怒。許多各等年紀及各種身分的人，沒有原則，不講良心，懶惰及揮霍的惡習，使他們陷身邪惡，敗壞社會，直到今日世界成為所多瑪第二。如果人們的食慾及情慾，能受理性及信仰的控制，則今日的社會當有大不相同的現象。上帝從未計畫世上會有今日這種的悲慘局面；這一切都是由於人類干犯自然律法的後果。

出於遺傳的情慾——父母們大半不疑其兒女知道此項惡習。在許多的情形下，父母本身卻是真正的罪人。他們濫用婚姻的權利，恣情縱慾，強化了自己的獸性情慾，等到這些受了強化之後，道德與智力的功能便被削弱。……父母的罪將報應在其兒女身上，因為父母已將自己的情慾印記傳給了他們。

成為情慾的奴隸——我曾見到許多才智苗越的男女，卻受制於獸慾的強大勢力下，不禁深為惋惜！他們若沒有淪為卑賤情慾的奴隸，就能發揮上帝賜給他們的強大能力，造福世人。

我曾見到一些表面上看來是循規蹈矩，對異性非常正經的人，在生活上卻幾乎每天犯此惡習。他們聽過關於審判的道理，對於自己將置身於上帝的審判台前便不寒而慄；可是，一個鐘頭還沒過去，他們竟又犯了自己所迷戀的情慾，污穢自己的身體。成為此項可怕罪惡的奴隸，缺乏管制自己情慾的能力。我們曾下了懇切的功夫，規勸他們，為他們流淚禱告；可是我們知道，當我們如此切心工作，為他們憂苦難過之際，那惡習的力量仍佔了上風，使他們干犯這些罪惡。

犯罪的知識，由其受害者傳開——那些久已養成此項摧殘身心的惡習的人，往往不能自己，非將此惡習傳授給與其交遊的朋輩不可。一旦打動了好奇的心，此項惡習的知識，便在青年與青年、孩子與孩子之間，彼此傳染、學習，直到幾乎沒有一個孩子不知此項令人墮落的惡習。

第 69 章　自慰惡習之害

削喪了生機活力——自慰惡習會切實敗壞身體的生機活力。一切不必要的耗力動作，都會繼以相等的衰竭。青年人的主要本錢，就是頭腦，如果早年予以過度消耗，就會導致精疲力盡，而使身體易患各種疾病。

長年多病由此而起——到了 15 歲以上，若仍繼續犯此惡習，身體「自然而然」就會為其慘遭濫用，而提出抗議。在繼續受苦之餘，就必令他們付出干犯自然律法的懲罰，尤其是在 30 至 45 歲之間，身體上會有許多的病痛，及各種的疾病，例如，肝及肺生病、神經痛、風濕病、脊髓病、腎病、及癌病。有些生理的幼嫩器官退化了，便讓其餘的器官負上更重的工作，這就紊亂了大自然的美妙安排，以致往往身體有了突然的暴病，而結果便是死亡。

智力被削弱——縱容溺愛的父母，會同情兒女，想像他們的功課太過繁重，用心讀書，勢將害及健康。不錯！青年人讀太多及太難的功課，把頭腦塞飽脹滿，這固然不好。但是，父母們哪，你們對於兒女的行為，是否不作更深一層的觀察，便貿然予以接受呢？你們是否輕易置信他們生病的表面憑據呢？父母與監護人，應當查明藏在表面以下的真正原因才是。

這樣孩子之中，有些人的頭腦十分虛弱，其聰明程度，只有他們本來純潔優良的頭腦原可發揮的一半或三分之一的地步。他們已把那些精力因自慰消耗了。

敗壞了高尚的志願及屬靈的生命——自慰的隱罪，會破壞人高尚的志願、懇切的努力，及培養良好信仰的品格意志力。凡真正明白一個基督徒之意義的人，都會知道，跟從基督的人，正像祂的門徒一樣，有義務把自己的一切情感、體力、及智力，完全順服於祂的旨意之下。那些受自己情慾控制的人，不能作基督的門徒。他們太過誠心事奉自己的主人，也就是萬惡的肇始者，不肯丟棄自己的惡習，來選擇事奉基督。

有名無實的信仰——有些自稱跟從基督的人，不知自己正在得罪上帝，破壞自己的健康，及作自己腐敗情慾的奴隸。他們感到良心有愧，愈來愈少私禱去親近上帝。他們也許保持形式上的信仰，而心中卻缺乏上帝的恩典。他們沒有虔心事奉祂，沒有信靠祂，沒

有過尊榮祂的生活，不喜愛祂的典章，也不以祂為樂。

　　失去了自治的能力——有些人明知縱慾犯罪之害，卻自恕說，他們無法勝過自己的情慾。這種藉口出自凡稱呼基督之名的人，乃是極其可怕的。「凡稱呼主名的人總要離開不義。」（提摩太後書2：19）為什麼這是弱點呢？男女缺乏道義，因為他們放縱其本性慾望已久，自治之力便似乎是失掉了，以致靈性趨於死亡，他們本性中的下等情慾佔了上風，那原應為治理能力的，卻變成敗壞之情慾的奴僕。

第 70 章　警戒與勸勉

　　一位祈禱求醫的經驗——某次丈夫與我同赴一個聚會。有人求我們去慰問一位患肺癆病的弟兄。他的身體衰弱而容顏蒼白。他請求上帝的子民為他代禱。他說他家裏的人生病，並且還死了一個小孩。他說話時，帶有哀悼之情。他也說他是久已等候我們。他相信如果我們肯為他代禱，他就會得醫治。在散會之後，弟兄們請求我們注意此事。他們說，教會曾幫過他的忙，他的妻子有病，他的孩子也死了。教會的弟兄們曾拜訪他的家，為這受苦的家庭共同代禱。當時我們已經很辛苦了，而且在這聚會中擔當勞苦的事奉，所以想要告辭休息。我曾經決定，除非是主的靈指示我，我就不會為任何人代禱。……

　　那天晚上我們跪下禱告，把這事向主提出。我們求主使我們明

白上帝在這人身上的旨意如何。我們只願上帝可以得榮耀。主是否願意我們為這受苦的人代禱呢？我們把這個擔子交給主，然後就去休息了。在一場異夢中，主把這個人十分清楚地向我顯現出來。主將他從小至今的生平都指示給我看，即使我們為他代禱，主也不會聽的，因為他心裏注重罪孽。次日早晨，那人又來請我們代禱。我們領他到一邊，告訴他我們很抱歉，不得不拒絕他的請求。我向他述說我的夢，他也承認那是真的。他從幼就有了自慰的惡習，甚至於在婚後還是不斷如此，但他說要試行斷絕此種惡習。這人有一種惡習必須勝過。他那時雖已中年，但他的道德正義之力卻是那樣軟弱，以致每逢與放縱的惡習爭鬥時，總是一敗塗地。

這個人天天自慰，竟仍然膽敢來到上帝面前，祈求加增他先前所浪費的精力，如果上帝允許了，那麼他又要浪費在他的情慾上。上帝有多大的忍耐呢？如果祂照人的敗壞行為對待人，有誰能在祂的眼前生活呢？如果我們不小心，貿然把這人的情形向上帝代求，但他同時卻仍舊犯此惡習，上帝肯垂聽嗎？祂肯答應嗎？「因為你是不喜悅惡事的神；惡人不能與你同居。狂傲人不能站在你眼前；凡作孽的，都是你所恨惡的。」「我若心裏注重罪孽，主必不聽。」

這並不是僅有的情形，甚至婚姻關係仍不足以令這人遠離幼時的惡習。我巴不得自己能相信，上述的此種情形是很少有的，然而我知道此類的事卻很普通。

向一位縱慾的女子請求——妳的心思污穢不潔。妳已無憂無慮及不事操勞太久了。治理家務乃是妳可以獲得的最豐盛的福惠之一。工作的勞苦，還不及妳的淫思穢行所給妳的傷害之十分之一。關於男女孩子雜亂交遊，妳有了錯誤的觀念。

妳的性情喜歡置身男子當中，妳的頭腦及心思不潔淨，妳受了閱讀愛情及浪漫小說之害，妳的心思迷於污穢的念頭。妳的想像力已經腐敗，到了似乎無力控制自己思想的地步。撒但隨意引誘妳成為他的俘虜。……

妳的行為不端、不貞、及不合宜。妳的眼中也不敬畏上帝。妳常常破壞規矩來達到妳的計畫，冒犯了良心。我親愛的女孩啊，除非妳現今就此停止，否則毀滅必然臨到妳身。妳應當停止妳的白日夢，妳的空中樓閣。別讓妳的思想跑入愚昧及敗壞之途。

妳跟男孩子們廝混在一起，是不會安全的。試探的浪潮，在妳的胸中起伏沖擊。妳若執意行在任性剛愎之途，妳的前途命運將是什麼呢？……妳現今是處於危險之中，因為妳是面臨犧牲自己的永恆福利於情慾的祭壇之上的重要關頭。

情慾正在取得積極控制妳的整個人生——這是什麼品質的情慾呢？它是卑賤而毀滅性的。妳若向它屈服，就必使妳的父母一生痛苦，妳的姐妹悲哀羞愧，並犧牲妳自己的品格，及剝奪天庭與光榮的永生。妳願意這麼做嗎？……

　　妳是很積極的。妳喜歡男孩子，並以他們為談話的話題。「因為心裏所充滿的，口裏就說出來。」習慣已強有力地控制了妳，妳也學會了用欺詐來達到妳的目的及完成妳的慾望。但我還不認為妳的情形已經絕望；否則，我不會給妳寫這些話了。靠著上帝的力量，妳是可以挽回的。……

　　應當離開男孩子們。將結婚這回事，先置諸腦外吧！妳還不配談到此事。妳要再多幾年經驗，才配明白此等本分及負起婚後生活的責任。妳應當嚴格防護自己的思想、自己的情慾、及自己的感情。切不可把這些墮落到侍候肉慾的地步。

　　妳可以成為一位謹慎、端莊、賢德的女子，但這事非有懇切的努力不行。妳必須警醒，妳必須禱告，妳必須默想，妳必須檢查自己的目標及自己的行動。細心地分析自己的感情及行為。妳敢在自己的父親面前表現污穢的行動嗎？當然不會！但妳卻在那位更加十分高貴、十分神聖、十分純潔的天父面前如此行。

　　是啊，妳在純潔無罪的天使面前及基督的面前，敗壞自己的身體；妳又不顧良心，不顧那已賜給妳的亮光及警告，繼續行此。須記得，妳這一切的行為已有了記錄。妳將必再度面對自己此生最隱密的罪行。……

　　我再度警告妳，在各人的案件必要定讞之日，妳必面對這些記錄的。妳若現在改邪歸正，停止行惡，學習行善，就必得到快樂幸福；

妳會在人生的戰場上勝利，而升入那比今生更好的來生，享受光榮及尊榮。「今日就可以選擇所要事奉的。」

第 71 章　父母的警惕與幫助

要嚴加監察查問——兒女們若患上自慰惡習，可能會有用謊話來騙你們。因此，母親們哪，妳們切不可輕易靜默下來，停止查問。除非得到十分滿意的答案，否則不該放過此事。妳們所愛的人，他們的健康與靈命處於危險中，可見這是極乎重要之事。不管他們如何設法規避及掩飾，總要嚴加監察及緊密查問，多能水落石出，真相大明。然後母親應當向他們忠實說明此事的實情，指出自慰使人墮落下流之害。設法說服他們，放縱此罪將損害人的自尊心及高尚的品格，並摧殘人的健康與道德。母親應當查究此事，直到已有充分憑據，證明此項惡習已經終止。

處理時不可慌張及厲聲譴責——或者你們問道，我們怎能矯治那已經存在的禍害呢？我們怎麼處理呢？你們若缺少智慧，就當向

上帝祈求；祂曾應許要多多賞賜凡求祂的人。應當多多禱告，熱切禱告，祈求神的幫助。由於各人的情形不同，並無劃一的成規可循，現今所需要的，就是要運用你們的判斷力。不可慌張、激動、聲色俱厲地譴責你們的兒女。此種做法，只能引起他們的反抗精神，因為這可能給撒但打開方便之門，讓他用各種試探來引誘你們的兒女。

監護兒女的交遊——除非我們兒女的心思，已有了信仰原理的堅實平衡穩定，他們的道德將受所接觸的邪惡榜樣所敗壞。

忠心的母親，應當保護他們免被所交遊的每一青年朋友污染。應當保守他們像寶貝的珍珠一樣，免受現代腐化的影響。如果你的處境是不能照你的心意時刻管制兒女與其青年朋友們交遊，那就不如讓他們到你跟前來拜望你的兒女；但無論如何，切不可讓這些朋友們來與你的兒女同床，甚或是同房。預防一項邪惡，那是比事後的矯治，遠為容易得多了。……

儘量運動——因為怕青年人操勞過度，便免了他們大量的體力勞動；過勞固然是不好，但閒懶的結果卻是更為可怕。勤勞操作所耗的體力，遠不及自慰惡習之害的五分之一。應當給兒女們勞力的工作，這會使神經及筋肉得以運用，由於勞動而起的疲乏，可以減少他們沉迷於惡習的傾向。

第 72 章　健康改良之戰

必須控制思想——你應當控制自己的思想。這種工作很不容易，若非嚴格而猛力從事，是無法成功的。……你若放縱空虛的想像，讓心思沉迷於污穢的題材，在某種程度上說來，你就是在上帝之前有罪，猶如你的思想已付諸行動所犯的罪一樣。日夜夢想空中樓閣，是不良及極端危險的習慣。如果你要控制自己的心思，防止空虛腐敗的思想玷污自己的靈性，就當作守衛自己眼耳口鼻及一切感官的忠心哨兵。唯有恩典的能力，方可完成此種最可羨惡的工作。

應使情慾及愛情順服於理性——上帝不但要你控制自己的思想，祂也要你控制自己的情慾與愛情。你是否得救，有賴乎你是否在這些事上管治你自己。情慾與愛情都是強力的工具。若予以濫用，若由錯誤不良的動機來操使，若用之失當，這些強烈的工具足以使

你毀滅。

除非你約束自己的思想，自己的讀物，及自己的言語，不然你病態的想像力將是無可救藥！應當留心而虔誠地閱讀《聖經》，聽從《聖經》教導的指導，這才是你的安全。

無暇猶豫——撒但告訴青年人們，時日還多，他們盡可再放縱罪惡與淫蕩一次，而以後絕不再犯；可是一失足成千古恨，這一次的放蕩卻毒害了他們的一生。因此，切不可冒險一度涉足禁地！當此危險的邪惡時代，四面八方都有邪惡腐敗的引誘，但願青年人懇切誠心的呼求能上達天庭，「少年人用什麼潔淨他的行為呢？」（詩篇 119：9）但願他能傾心側耳聽從那回聲中的教導，「是要遵行你的話。」

當此污化時代，青年人的唯一安全之道，就是投靠上帝。若無神幫助，他們不能控制人類的邪情與嗜慾。在基督內有此種人所需要的助力，但現今來向祂求助的人何其少啊！當年在世時，耶穌曾說過，「你們不肯到我這裏來得生命。」（約翰福音 5：40）你們可以跟使徒說同樣的話，「靠著愛我們的主，在這一切的事上已經得勝有餘了。」（羅馬書 8：37）又說：「我是攻克己心，叫身服我。」（哥林多前書 9：27）

在主裏面可得真喜樂——我們兒女抗拒各種惡習的唯一安全之道，就是尋求加入基督的羊圈，才能得那忠心誠實的牧長的照顧。

只要他們肯聽從祂的聲音，祂就要救他們脫離各種邪惡，保護他們免去所有的危險。祂說：「我的羊要聽我的聲音，……他們也要跟從我。」（約翰福音 10：27）他們在基督裏會得到喜樂、力量、與希望，而不至於受那些追永無寧息的慾望所困擾。

與上帝交通，愛上帝，實行聖潔，除滅罪惡，這一切都是可喜的。閱讀《聖經》，不像虛構的小說書那麼迷惑人的想像力及煽動人的情慾，但卻能軟化、安撫、高尚、及聖化人的心。在煩惱困苦時，在猛烈的試探侵襲時，他們有禱告的特權。這是一種多麼崇高的特權啊！在這樣操練中，人的靈性被提升到與上帝有聖潔的親近，在知識與真實的聖潔中重新得力，並被強化來抵禦仇敵的種種攻擊。

個人學習單

第十六篇：保持道德上的貞潔

署名：

日期：

一、閱讀第 320-335 頁。

二、重點複習：

1 舉出兩件引起誘惑、使人敗壞的東西。

　　A

　　B

2 撒但特別想要佔據什麼人的心思？

3 干犯哪方面的罪惡已經使今日的社會敗壞？

4 一個心思意念已經敗壞之人，會在更多人身上撒下什麼？

5 自慰對腦部及神經系統會有何影響？

6 列出可能因自慰而產生的疾病。

7 智力程度可以被這種惡習削弱到什麼程度？

8 放縱基本慾望會對自治力和靈性造成什麼影響？

9 愛情故事及羅曼史對心智發展有何影響？

10 為人父母者應當在何時嚴加查問孩子在感官上的惡習？

11 孩子的心思應當在哪一方面保持平衡，好讓他維持道德上的純淨？

12 我們應當如何教導孩子關於身體及性方面的事？

13 懶散會引誘人去順從什麼？

14 為要得蒙拯救，有哪三件事是我們必須掌控的？

336

Ⓐ

Ⓑ

Ⓒ

⓯ 有多少人能控制自己的情感，假如他願意的話？

三、評估你自己對於性的態度：

神聖的＿＿＿＿ 低下的＿＿＿＿ 健康的＿＿＿＿ 邪惡的＿＿＿＿

❶ 基於下列原因，我認為做父母的應當要謹慎教導子女：

❷ 如果孩子上癮，父母應該送他們就醫：

四、問題與討論：

❶ 上帝設立性的目的為何？

❷ 書及圖片（動態或靜態）對於今日人的感官造成什麼刺激？

❸ 為何撒但定意要攻擊年輕人？

❹ 父母應當為孩子的縱慾負責嗎？該怎麼做？

❺ 為什麼現今同性戀如此普遍？

❻ 性病。

❼ 放縱情慾對於腦力發展的影響。

❽ 增強意志以對抗誘惑。

❾ 父母親對自己孩子的性行為有警覺性嗎？

❿ 在食慾與情慾上的自制。

⓫ 如何讓孩子保持清潔純淨的思想。

⓬ 孩子的社交關係——與其他人過夜。

🔟🄳 飲食在性衝動方面的影響。

🔟🄴 懶惰 v.s 運動。

🔟🄵 我們應當如何控制自己的心思意念，保持心靈的純淨？

🔟🄶 讀經如何影響腦部以及神經系統。

五、個人默想：

🄵 我是否有教導孩子性器官是神聖的？

🄶 如果我的孩子認為性器官是羞恥且平常的，他會得永生嗎？

🄷 如果我重視珍惜生命，我會濫用這能創造生命的器官？

🄸 我允許我的孩子和別人一起過夜睡覺嗎？

🄹 我會斥責我的孩子嗎？是否有更好的方法呢？

🄺 我是否會回答孩子關於性方面的問題？

🄻 我是否常在心裡記住我的身體不是自己的，而是上帝的殿？

六、說出一個性能使人更接近它的創造者上帝的方式。

喚醒屬靈的能力

Child Guidance

第 73 章　永恆福利的責任

一個對孩子特別危險的時代——我們是生於一個對孩子不幸的時代中。怒潮狂瀾要將人沖進毀滅漩渦，我們需要用比孩子的經驗能力更大的力量，去壓止這潮流及挽救其被沖倒。很多青年人似乎成了撒但的俘虜，撒但和他的使者正引誘他們趨於必定滅亡之途，他以各種詭計企圖困惑他們，並用試探去勝過他們，以便使他們灰心及放棄戰鬥。

我們現今與上帝的密切聯絡，必須遠勝於先前。現今圍困上帝子民的空前最大危險之一，便是與世俗的格調及風習同化。青年人尤其是常處於危險之中。父母們應當警醒防備撒但的種種詭計。他正在設法進行毀滅他們的兒女，父母們切不可自我陶醉，以為無甚特別危險。但願他們不要思慮今生的世事，而忽略了兒女們更高尚

的永恆福利。

大半的父母對此漠不關心——現今父母們對於自己屬靈的生活漸漸冷淡，而且因為缺少敬虔及沒有專心事奉上帝，他們不覺得那崇高的責任，要耐心而徹底地訓練其兒女謹守主的法度，這真是一件很悲慘的事。

大半的父母沒有盡力訓練兒女，使他們在需要決定是非善惡時，及在強烈的試探臨身時，能面對人生的嚴酷現實，應付前途四周的困難。

忽略了十分重要的工作——今日世上如此充斥邪惡的一大原因，便是父母們用心於許多其他的事務，而疏忽了那十分重要的工作，也就是應當耐心而慈愛地把主的法度教導兒女們。

母親們或已熟悉許多的知識，但若沒有基督為其個人救主的知識，他們還是沒有得到那基本必要的知識。如果有基督在家中，如果母親們已使基督為其顧問，她們就會從嬰兒時期開始，將真實信仰的原理教導其兒女們。

許多父母們，在訓練管教上、在愚蠢的放蕩與容縱口味及食慾上，當為自己兒女邪惡不正的行為及性癖負責。現今的父母們沒有像亞伯拉罕那樣命令其家屬效法自己，其結果如何呢？他們不聽管教，執意隨其自己的心願而行。現今孩子的唯一指望，便是教導他

們克己自制，不可縱慾放蕩（參閱創世記 18：19）。

未受管教的孩子面臨嚴重的戰爭──這些長大卻未受管教的兒女，在他們要當基督徒的時候，樣樣的事都得學習。他們整個的基督徒經驗，都受了幼時生活的影響，常常會顯出同樣的頑強自信的個性，同樣的缺少克己自治，同樣的不能忍受指責，同樣的自私自利、不願向別人領教、不接受別人的見解，同樣的懶惰、畏避工作、缺少負責的精神；這一切都要在他們對教會的關係上表露出來。這些缺憾是可以克服的，然而這場爭戰是何等地艱苦！這場奮鬥是何等地激烈啊！

時刻仰望耶穌──當你們持守這種幫助兒女事奉上帝的工作時，那最惹人憤怒的試煉要臨到你們，但切不可放棄你們所持守的，總要緊貼住耶穌。祂說：「讓他持住我的能力，使他與我和好，願他與我和好。」（以賽亞書 27：5）你們必有許多困難發生，必遇許多阻礙，但你們要時刻仰望耶穌。當危急臨身時，你們當問道：「主啊，我現在該怎麼辦？」如果你們不暴躁發怒，不開口責罵，主就要指示你們當行之道。祂會幫助你們運用說話的才幹，像基督那樣說話，使平安及仁愛的精神統治這家庭。實行前後一致言行相符的行動，你們可成為家中的佈道士，兒女們的恩典牧師。

萬分值得的工作──欲引領兒女們行在上帝的路上，那是要付出代價的。它要母親的眼淚，父親的祈禱。它要不住的努力，耐心

的教導，這裏一點，那裏一點。但這種工作是值得的。父母們可以
這樣逐漸在兒女周圍建立起堅深堡壘，保護他們免去現今泛濫人間
的諸般禍害。

第 74 章　每個家庭就是一間教會

父母們是上帝的代表——在地上的每個家庭，應當是一間教會，也就是上帝在天上教會的一個美妙表徵。許許多多的孩子學會了吹毛求疵、暴躁易怒、斥責咒罵、情慾衝動，原因就是大人們讓他們在家時過著縱情任性的生活所致。父母們應當考慮到，自己是處於上帝管家的地位來對待兒女，應當鼓勵每一正義原理，及遏止每一邪思惡念。

若無家庭信仰，口頭上的信仰是無價值的——若是沒有家庭信仰，口頭上的信仰是沒有價值的。因此，凡是組成家庭的分子，就不應該口出不遜之言。應當用溫柔體貼別人的心，來使家庭有芳香的氣氛。

人若在世上的家庭中能養成可愛的品格，將來方可在天庭的華

廈中也養成可愛的品格。你的基督徒量度是用你家庭生活的品格來衡量的。基督的恩典能使蒙恩的人把家庭變成一個快樂的場所，充滿和平及安寧。

父母是家庭教會的教育家——我對父母們說：「你們是家庭教會中的教育家；應當把家庭的制度看是一間訓練學校，預備人執行各種的信仰本分。你的兒女們要在教會中擔任一個職分，每一智力及每一體力，都當保持健康及活潑，可為基督服務。」

必須過言行相符的生活——每一事物都會在孩子幼小的腦海裏留下印象。他們會辨識人的容貌，會受聲音的影響，及會密切效法人的行為。暴躁乖戾的父母，乃是給兒女留下不良的印象，將來在生活的某些時候，也不能從兒女的身上收回這印象。兒女們必在父母的生活中看出與其信仰相符的前後一致性。

第75章　引領孩子歸主

孩子幾時可作基督徒？——在孩子幼年時期，頭腦容易被陶冶及鑄造，男女孩子此時就當受教導，學習如何愛及敬重上帝。

上帝要每位稚齡孩子作祂的兒女，居住在祂的家中。不論他們多麼幼小，他們仍可成為信心家庭的成員，而有最寶貴的經驗。

年齡並無關係——一位著名的聖者某次被問道，一個孩子必須多大，方可合理地希望他成為一個基督徒。他的答案是：「年齡沒有什麼關係。愛耶穌、信靠祂、信託祂、信任祂，這些都是合乎孩子的諸般美德。孩子一開始會愛及信賴母親，那時他就能愛及信賴耶穌，看祂是母親的良友。耶穌要成為他的良友，受他的愛與敬重。」

鑒於前段的真實陳述，父母們在善於觀察的小小眼睛與敏銳的感官之前，表現教導與榜樣，豈能說是行得太過小心呢？我們的信仰應當是實際的信仰。在我們的家中也是那麼需要信仰，像在禮拜堂中所需要的一樣。在我們的行為舉止上，不應當有冷淡、嚴峻、及不可親近的態度，乃當以慈愛同情來表示我們有溫暖仁愛的心。

在每一功課中應當教導上帝的愛——孩子們當受教導的第一課，便是上帝為他們的父親。應當在他們最幼小的年頭，就開始這一課。父母們應當明白，在上帝面前自己有責任，使兒女們認識他們天上的父。……在每一功課中，都當教導上帝就是愛。

耶穌說：「當為我訓練這些孩子。」——父母們應當設法了解此項事實，他們當訓練自己的兒女配在上帝的殿中供職。當他們受生養兒女的委託時，無異乎是基督把孩子置在他們的懷中，說：「當為我訓練這些孩子，使他們可以在上帝的殿中發光。」

在幼年時期亦可有基督徒的經驗——幫助你的兒女們預備好，以便能到那基督去為愛祂之人所預備的華廈；幫助他們實現上帝在他們身上的旨意。當教導他們響應主的邀請，「我心裏柔和謙卑，你們當負我的軛，學我的樣式；這樣，你們心裏就必得享安息。因為我的軛是容易的，我的擔子是輕省的。」

應當向兒女教導——你們有否教導兒女從小謹守上帝的誡命呢？……你們應當教導他們，要照基督向他們所彰顯的神聖模範，

來培養自己的品格。祂願意向孩子彰顯自己。這是我們從約瑟、撒母耳、但以理及其友伴等人的歷史中可以知道此事的。難道我們不能從他們的人生記錄上，看出上帝對孩子們所存的期望嗎？

父母們對上帝有義務，要奉獻兒女給祂，從幼年就配領受一種聰明的知識，明白作耶穌基督的門徒是什麼意思。

一個悔改孩子的見證——信仰可幫助孩子讀書更好及作工更忠實。有一個12歲大的女孩子，用簡單的話述說自己作基督徒的證據。「我以前不喜歡讀書，只喜歡玩。我在學校中很懶惰，並且往往忽略了功課。但現在我的每一功課都讀得很好，來討上帝的喜悅。我以前在校很頑皮，每當先生看不見我時，我便給別的孩子們做鬼臉。但現在我要得上帝的喜悅，便規規矩矩，和遵守校章。我以前在家很自私，不喜歡幫忙家事，當媽媽把我從遊戲中喊回來給她幫忙的時候，我變臉發火。但現在我以能幫忙母親作事為真正的快樂，表示我十分愛她。」

小心，不可延誤！——父母們哪，你們應當趁他們很幼小時，就開始訓練他們的心思，以期他們也可成為基督徒。……你們應當醒悟，不要存錯誤的思想，以為他們是年幼無知不懂事，不能負責，和還不夠年齡去悔改己罪承認基督。

8歲、10歲、或12歲的孩子，已是夠大了，可以向他們傳說個人信仰的題目了。不可教導孩子，讓他們自以為再過幾年長大了，

才可以悔改相信真理。若是教導得法，很幼小的孩子也可以得到正確的見解，知道自己是罪人，並且藉著基督才能得救。

我蒙主指示，《聖經》上提到從幼尋主的許多寶貴應許。在〈傳道書〉第 12 章第 1 節上說：「你趁著年幼，衰敗的日子尚未來到，就是你所說，我毫無喜樂的那些年日未曾臨近之先，當記念造你的主。」又在〈箴言〉第 8 章第 17 節上說：「愛我的，我也愛他；懇切尋求我的，必尋得見。」以色列的大牧者現今還是說：「讓小孩子到我這裏來，不要禁止他們；因為在上帝國的正是這樣的人。」（路加福音 18：16）應當教導孩子知道，幼年時期乃是尋求上主的最好時刻。

第 76 章　預備兒女當基督徒

　　認識上帝及基督乃是基本的工作──靈性上的訓練，切切不可疏忽，因為「敬畏耶和華乃是智慧的開端。」（詩篇 111：10）有些人將信仰放置在次於教育的地位，其實呢？真正的教育便是信仰。

　　實際的信仰經驗──基督徒父母們應當預備來傳授給兒女的，便是信仰經驗方面的實際教誨。上帝要你們這樣行，你們若沒有實行這種工作，便是疏忽了自己的本分。

　　經常扼要施教──凡教導孩子及青年的人，應當避免煩絮的話。簡短直截的講論，會產生樂觀的感化力。若是有許多話要說，不妨分為數次簡單扼要地講論。時時插入有趣的話，比一次說全部的教導更有助益。長篇大論的演講，使青年人的腦筋疲乏。過分多講，要使他們甚至厭惡屬靈的教導，正如吃喝過量，使胃受累，食慾減

少，便厭憎食物了。

黃昏時間最寶貴——家庭應成為一間教育性的學校，而非一個單調而令人厭煩的地方。黃昏的時間乃是寶貴的良辰，應當用來教誨孩子行在正義的道路上。

父母與子女雙方受惠——我們的兒女乃上帝的產業；他們是重價買來的。這種觀念乃是我們為他們操勞的主要動力。確保他們的得救，及保守他們免去試探，最成功的方法，便是不斷地用《聖經》來教導他們。父母們若與兒女一同領教受訓，就必覺得自己在真理知識上有更快速的生長。疑惑將要消散，信心及積極的行動就必增加，而且在他們這樣實行來認識主上，亦將加深其信賴及安全之感。

過著與你們的禱告相合的生活——「你們若住在我裏面，我的道也住在你們裏面；凡你們所願意的，祈求，就給你們成就。」（約翰福音 15：7）當你們禱告時，可提出這個應許。這是我們的特權，可存聖潔大膽的心到祂面前來。我們若誠心求祂賜我們亮光，祂就要垂聽並應允我們。但我們必須過一種與禱告相符合的生活。若是我們所行的與此矛盾，則禱告歸於無效。我曾見到一位父親，讀了一段《聖經》及跪下獻禱，然而剛一起身，便開口責罵兒女。請問上帝怎能聽他起先所作的禱告呢？再者，如果在責罵兒女之後，父親獻上禱告，這樣的禱告能對兒女有益嗎？除非是向上帝認罪的禱告，否則那是沒有用處的。

孩子何時可領受浸禮──孩子可隨時領受浸禮，但浸禮並不會使孩子成為基督徒，也不會使他們悔改，這不過是外表的表號，顯明他們有此感悟，自己若要作上帝的子民，就當承認自己相信耶穌基督，為其個人的救主，並要從此以後為主而生活。

切不可倉促孩子領受浸禮。父母與兒女們都當計算浸禮的價值。在同意兒女領浸的事上，父母們是神聖地立下了願，作這些兒女的忠實管家，領導他們建立品格。

領浸之後父母的責任──在這樣忠實地作工之後，如果你們滿意兒女們已明白悔改及領浸的意義，且實實在在悔改了，就當讓他們去領浸。然而，我要再說，第一要緊的是當預備你們自己作忠心的牧者，照顧這些無經驗的腳行在順從的窄路上。如果你們同意兒女們領浸，但後來又讓他們隨心所欲而行，如果他們在真理上失去信仰、膽量、及興趣，你們是要負責的。

上帝要你們教導孩子預備作皇室的成員，天庭大君的兒女。應當與上帝合作，為他們的得救而殷勤作工。如果他們犯錯，不可斥責他們。切不可嘲笑他們，說他們領受浸禮了，還繼續做錯。須記得，他們對於上帝兒女的本分，還須多多學習呢！

個人學習單

第十七篇：喚醒屬靈的能力

署名：＿＿＿＿＿＿＿＿＿＿＿

日期：＿＿＿＿＿＿＿＿＿＿＿

一、閱讀第 340-352 頁。

二、重點複習：

1 若年輕人在面對人生時未做好準備，一般說來此責任該由誰來負責？

2 如果有基督在家中，母親們會如何做？

3 在拯救兒女靈命方面，所必須付出的代價有哪四項？請寫下來。

Ⓐ

Ⓑ

Ⓒ

Ⓓ

4 在什麼樣的情況下，我們可能會發脾氣及斥責我們的孩子？

5 家庭是哪一方面的訓練學校？

6 父母該如何做才能最有效地塑造孩子的品格？

7 上帝希望在何時收養孩子，進入祂的家中？

8 父母應當為了什麼目的來裝備孩子？

9 孩子從幾歲時可以向他們講述個人信仰？

10 孩子要從幾歲開始認識到他需要被拯救？

11 什麼是真教育？

12 孩子應該多久一次悔改及認罪？

13 晚間的家庭時間，最好應當用來做些什麼事？

⓮ 對上帝的順服中，還需包括對誰的順服？

⓯ 若沒有父母的合作，孩子的腳步就無法走在什麼地方？

⓰ 孩子在受洗之前是屬上帝的嗎？

三、評估自己對於永生的事熱衷的程度：

唯一重要 ＿＿＿＿＿＿ 重要 ＿＿＿＿＿＿ 不太重要＿＿＿＿＿＿ 完全不重要＿＿＿＿＿＿

❶ 我最大的心願是：

❷ 我最不關心的事是：

四、問題與討論：

❶ 冷漠不關心的父母帶來的禍害是什麼？

❷ 不受教的孩子面對的未來是什麼？

❸ 最高貴的聖工禾場——家庭。

❹ 以家庭生活查驗基督徒生活。

❺ 訓練、裝備我們的子女成為上帝的工人。

❻ 孩子的改變與受洗。

❼ 靈性上的訓練，以及體能與智能的訓練。

❽ 更重要的心靈上的教育。

❾ 成為兒女絆腳石的父母。

❿ 幫助已受洗信主的孩子在恩典中成長。

⓫ 讓孩子在屬靈的活動和聚會中成長。

五、個人默想：

1 我是否沒有將孩子裝備好去應付人生的現實面？

2 我自己是否有徹底悔改歸主？

3 我以什麼樣的心情及態度教導孩子關於信仰的事？

4 我是否盡力讓教導成為愉快的事？

5 我是否有付出充分的時間給孩子？

6 我是否明白，我要為孩子的人生及靈性負責任？

六、說出一項我身為（丈夫，妻子，兒子，女兒），盡力使晚上家庭時
　　間充滿快樂及益處的方法。

保守信仰經驗

Child Guidance

第 77 章　家中的《聖經》

《聖經》是一本包羅萬有的書——《聖經》的題材與文體，範圍極其廣大，對於每一個人，都有足以引起其興趣，訴諸其心意之處。《聖經》的記載中，有最古老的歷史；有最真實的生活傳記；有治國齊家的原理——這些信息是人的智慧所無可比擬的。《聖經》包含有最深奧的哲理，最美妙、最宏壯、最感人、與最悽愴的詩歌。《聖經》的著述僅就以上幾點而論，即已遠超乎任何世上作者的作品。

《聖經》中充滿著真理的寶貴珍珠，父母們應當將它從寶盒中取出，使其真實的光彩燦爛在兒女眼前。……《聖經》中有寶庫，你們可從中取出寶物，你們既是基督徒，就當為自己貯藏每一善行。

上帝在《聖經》中擺置盛筵——主給我們研究《聖經》的特權，

在我們前面設置盛筵。祂曾表示說，祂的道就是祂的肉和血，祂
的靈和命，我們在飽食經筵之下，可得許多的益處。我們享受這
道後，便靈力增強，並在真理知識及恩典上有長進。《聖經》故
事及比喻的美妙教導，上帝聖言的簡單純潔訓誨，都是你們和你
們兒女的靈糧。

《聖經》是家庭、社會、及國家興盛的基礎——《聖經》的教
導於世人今生一切事業的興趣有重大的關係。它說明那作為國家繁
榮基礎的原理——這些原理是與社會的幸福脈息相關，而且是家庭
的保障——若沒有這些原理，世人不能在今世有所貢獻，並獲得幸
福和尊榮，也不能希望在將來承受永生。人生所有的境遇和經驗，
都需要《聖經》的教導作為基本的準備。

《聖經》的知識與保障——提摩太從小明白《聖經》，這種知
識成為他的一個保障，使他能抵禦四圍的惡勢力，和那引人貪歡縱
慾放棄本分的試探。我們的兒女也都需要這個保障。凡是作父母及
作基督使者的人，都應作這一份工作，注意孩子們正當地領受《聖
經》的教導。

喜愛《聖經》並非出於天性——青年人是無知而無經驗，對於
《聖經》及其聖潔真理的愛好，並非出於天性。除非下一番苦功教
導他們學習，在他們周圍築起欄柵，保護他們免受撒但的詭計所害，
不然他們就會墜入他的試探中，並被他隨意擄去。

用《聖經》為家庭的課本——父母們哪，如果你們要教育兒女，事奉上帝，在世行善，就當用《聖經》來作為你們的課本。它會揭破撒但的陰謀詭計。當試探者挾其欺騙前來時，基督所用的唯一武器，便是「經上記著說」這句話。每個父母應當進行的博大精深之工作，就是教授《聖經》的真理。

　　不應以皮毛的知識為滿足——應當尋求《聖經》的徹底知識，此事的重要實難估計得出。「《聖經》都是上帝所默示的」，能使我們「有得救的智慧。……叫屬上帝的人得以完全，預備行各樣的善事。」（提摩太後書 3：15 － 17）《聖經》有最高的主權，可要求我們予以敬重注意。我們不應以皮毛膚淺的知識為滿足，乃當設法明白真理聖言的全部意義，對上帝聖諭之靈意有深入的吸收。

　　使兒女對查經發生興趣——應當讓青年喜歡研究《聖經》。在我們的意念及情意中，應將萬書之書《聖經》列於首位，因為其中含有我們所最需要的知識。

　　若要作成此項工作，父母們本身必須熟悉《聖經》。……不可向兒女說虛空的話，講無聊的故事，乃當和他們談論《聖經》的題材。此書不是單為學者人士而寫的。它的體裁章法明白而簡單，人人能懂；只要加以正當的解釋，其中大部分的材料，都可使很小的孩子感到深切的興趣，並得到益處。

　　用最良好的方法；給最清新的思想——我們的天父在將祂的聖

言交託給人的時候，並沒有忽略孩子。在世人所寫的一切作品中，有什麼能比《聖經》故事更感動人心，更適於引起孩子的興趣呢？

從這些簡單的故事中，可以將上帝律法的大原理解釋清楚。這樣，父母和教師便可藉著最適合孩子理解力的例證，在很早的時候實行上帝論到祂律法的訓誨：「也要殷勤教訓你的兒女，無論你坐在家裏，行在路上，躺下，起來，都要談論。」（申命記6：7）

第 78 章 祈禱的大能

家庭禱告的必要──每個家庭應當有禱告的祭壇，認明敬畏耶和華是智慧的開端。世上若有任何人需要信仰所能貢獻的力量與鼓勵，那就是那些負責教育及訓練兒女的責任的人了。父母親們哪，你們應當早晚在家庭的祭壇之前尋求上帝，以便學會如何能夠聰明、柔和、慈愛地教導自己的兒女。

不可忽略家庭禮拜──如果有一個時候，每個家庭應當成為禱告的家庭，那就是現在了。無神派及懷疑論到處流行。不法的事遍滿全地。在人的靈性上洋溢著腐敗的洪流，在人的生活中發生有反叛上帝之舉。人成了罪的奴僕，道德力也淪於撒但的暴力之下。人類變成了撒但試探玩弄的對象；除非是有大能的手出來拯救，人類就會追隨那叛逆魁首所行的路了。

在這可怕的危難之日，有些自稱為基督徒的人，還是沒有實行家庭禮拜。他們沒有在家庭中尊敬上帝；也沒有教導自己的兒女去敬愛祂。有許多人已經與上帝隔絕得這麼遠，以致他們在與上帝親近的時候，生自覺有罪之感。他們不能「坦然無懼地來到施恩的寶座前，」「無忿怒，無爭論，舉起聖潔的手，隨處禱告。」（希伯來書4：16；提摩太前書2：8）他們沒有與上帝作活潑的聯絡。只有敬虔的外貌，卻背了敬虔的實意。

撒但毀滅人靈性的最成功策略之一，就是使人想到禱告並非基本必需的。禱告乃是與那智慧之泉以及能力平安幸福之根源的上帝相交通。

家庭沒有禱告，乃是一大悲劇——那使我感到最大悲哀的事，無過於一個沒有禱告的家庭。在這樣的家庭中，我一夜也不能安寢；若不是想要幫助那家的父母明白他們的需要與疏忽，我是不肯留宿的。從他們的兒女身上，可以看出這種疏忽的後果，因為在他們之前並無敬畏上帝的心。

全家的人參加禱告——那些自稱愛上帝的人，應當像古時的先祖一樣，無論在何處支搭帳棚，總要為耶和華築一座壇。……為父母的應當時常敞開心門，謙卑地為自己和兒女向上帝懇求。父親務要作家庭的祭司，早晚向上帝獻祭，而母親與兒女們則應與他一同祈禱讚美。在這樣的家庭裏，耶穌是歡喜停留的。

每個家庭的各位成員應當謹記在心，他們乃是與天庭有密切的聯合。主對於祂在地上的子民有一種特別的關心。

禱告是兒女周圍的籬笆——每日清晨，基督徒的第一個思念，就應當來到上帝面前；至於世俗的操勞及自身的福利，應列在其次。應當教導兒女敬重祈禱的時辰。……這乃是基督徒父母們的責任，應當在早晚用懇切的祈求及恆久的信心，在兒女周圍築藩籬。應當耐心教導他們，和藹不倦地教他們如何去度那蒙上帝喜悅的生活。

聚會應有定時——在每一個家庭中，應當有固定的時間，作早晚的禮拜。在早晨開飯之前，父母招聚兒女，一同感謝天父保護一夜平安，並祈求祂幫助引導看顧這一天的生活，這真是何等的適宜啊！此外，在黃昏臨到時，父母與兒女再度聚集在主的面前，感謝祂在過去之一日中所賜的福氣；這又是多麼地適合啊！

別受環境所支配——家庭禮拜不應受環境的支配。你的禱告不是出於偶然而隨便，也不是在整天忙於工作時，可以忽略的。若是那樣行，就會叫兒女們看禱告是無關重要的事。禱告對於上帝的子民乃是十分重要的，應當每日早晚向上帝獻上感恩祭。作詩的人說：「來啊，我們要向耶和華歌唱，向拯救我們的磐石歡呼，我們要來感謝他，用詩歌向祂歡呼！」（詩篇 95：1 — 2）

父親和母親，你們無論事情是多麼忙，切不可疏忽舉行家庭禮拜。要祈求聖天使在你們的家中照顧保佑。須記得，你們所親愛的

兒女常有遭受引誘的危險。

在我們熱心款待客人時，切不可疏忽我們對上帝的責任。不可因任何緣故而忽略祈禱的時辰。不可只顧談笑歡娛，直到大家太疲倦了，以致不能欣然參與家庭禮拜。這樣作，就等於拿殘疾的祭物獻給上帝。應該在傍晚的時間，就是大家能不慌不忙地，而以敏悟的頭腦禱告的時候，獻上我們的祈禱，並以歡樂感恩的讚美高聲歌唱。

應該讓每一個訪問基督徒家庭的人，看出祈禱的時辰乃是一天最寶貴、最神聖、最快樂的。這些崇拜的時間，對於所有參與之人都能發揮出一種有用而得蒙提昇的影響力，帶給心靈以欣然感恩的和平與安舒。

孩子應敬重家庭聚會時間——你們的兒女應受教育，成為仁愛、關懷他人、溫良、柔順，尤其是會尊重信仰的人，知道上帝主權的重要。應教導他們看重祈禱的時辰，應當命令他們早起，以便參加家庭禮拜。

應使聚會時間有趣——父親是家庭的祭司，應當主持早晚的家庭禮拜。這應當是家庭生活中最有興趣及最快樂的活動，若是舉行得枯躁而煩悶，就必使上帝蒙羞辱。家庭禮拜的時間應當簡短而有精神。不可因為禮拜的冗長或缺乏興趣，而使你們的兒女或家中的任何成員感到厭煩。若是誦讀長篇的《聖經》，加以解釋，及獻上

長禱，這就會使寶貴的聚會成為十分厭倦，等到散會，才使大家如釋重負地鬆了一口氣兒。

家長應有特別的計畫，務使家庭禮拜的時間十分有趣。若能略加思想及細心預備，就能使這來到上帝面前的家庭禮拜變成喜樂有趣的良辰，而其豐滿的後果也只有將來的永恆來世方能顯明。在家庭禮拜時，父親應選讀一段有趣而又容易明白的《聖經》；少少的幾節經文，足夠提供一些教導給這一天的研究及實行就行了。或可發出一些問題，也可提出一些懇切而有趣的補充意見，或是說些偶然發生的事件，簡短而切要，拿來當作比方。至少可唱幾節活潑有神的詩歌，所獻的禱告也應當簡短而中肯。那獻禱的人所作的禱告，毋須包羅萬象，而是用簡單的詞句表明自己的需要及存感恩的心來讚美上帝。

禱告要清楚分明──當以身作則教導兒女用清楚而分明的聲音禱告。教導他們從椅子抬起頭來，切不可雙手掩面；這樣，他們就會奉獻他們簡單的禱告，並同聲背誦主的禱告文。

音樂的力量──《聖經》論及詩歌的歷史，對於音樂與詩歌的功用及效益，予人以充分的提示。音樂有時被誤用或濫用，成了一種最足以引誘人的利益。然而音樂若加以正當的運用，原是上帝所賜的一種寶貴恩賜，目的在提高人的思想，使其思念高尚尊貴的事，並感化提高人的心靈。

　　音樂乃是將屬靈真理銘刻人心的最有效方法之一。人在被苦迫以至失望時，往往會想起一些上帝的話——幼年時所歌唱而久已忘卻的一首詩——於是試探就頓時失效，生命就顯出新的意義和新的目的，反而能將勇敢與喜樂轉授他人了。

　　以詩歌作為一種教育工具的價值，是不可忽視的。家庭中應有歌唱，當唱一些清潔悅耳的詩歌，就免除許多斥責的話，增加不少的愉快、希望、與快樂。學校中也當有歌唱，這樣，學生就必更加與上帝及教師親近，同學彼此間也必更加親近。

　　唱詩也是信仰儀式的一部分，與祈禱在敬拜上佔有同等的地位。有些詩歌，實際上就是祈禱。若教導孩子明白這事，他就必更多想到所唱歌詞的意義，也必更多受其能力的感化了。

　　樂器與歌唱——早晚應同兒女一起敬拜上帝，讀《聖經》及唱讚美詩。教導他們背誦上帝的律法。以色列人曾蒙教誨有關誡命的事說：「要殷勤教訓你的兒女，無論你坐在家裏，行在路上，躺下，起來，都要談論。」（申命記6：7）摩西當年也照樣指導以色列人將律法上的詞句譜上音樂。當年紀較大的孩子彈奏樂器時，年幼的一輩則同聲歌唱上帝的誡命前進。到了晚年時候，他們的腦中還會記得自己在幼年時所學會的律法詞句。

　　獨自禱告的益處——耶穌在世為人的時候，乃是在獨自禱告的時辰中獲得智慧與能力。青年當效法祂的榜樣，在清晨與黃昏時找

一個幽靜的機會，與他們在天之父交往。他們也當在一天之中，將自己的心奉獻給上帝。在我們所走的每一步路上，祂向我們說：「我耶和華——你的上帝必攙扶你的右手，……不要害怕！我必幫助你。」（以賽亞書 41：13）我們的子女若能在早年學得這些教導，他們的一生將有何等的精神能力和快樂啊！

天門向每位母親打開——當耶穌受洗之後，在約但河邊低頭為人類祈禱時，諸天打開了；上帝的靈彷彿鴿子金光四射地圍著救主，從天上發出聲音說：「這是我的愛子，我所喜悅的。」（馬太福音 3：17）此事對你有什麼意義嗎？這段經文是說，在我們禱告時天會打開，也就是說，你會被接納成為祂所蒙愛的。

基督徒母親們的禱告，不會被萬民之父所忽視。祂曾差遣自己的兒子到世上來救贖祂的子民歸己。祂不會不理妳們的祈求，在最後鬥爭的大日，也不會把妳們和妳們的兒女留給撒但去攻擊。

第 79 章　安息日是喜樂的日子

現今流行不尊重安息日的風氣——許多自稱信仰現代嚴肅信息的父母們，並沒有訓練自己的兒女歸向上帝。他們沒有約束自己，而且對於任何想要約束他們的人，感到不耐。他們在安息日上街去找自己的娛樂，而不覺得良心有愧。許多孩子去他們喜歡去的地方，行他們喜歡行的事；而他們的父母十分怕他們不高興，便效法以利的辦法，一點也不管他們。

這些青年人終於全不尊重安息日，對於信仰聚會或聖潔永恆的事物，也毫無興趣。

謹記第四誡的頭三個字——第四誡開頭的三個字是「當記念」。父母們哪，你們自己應「當記念安息日，守為聖日。」（出埃及記20：8）你們若這樣行，便是給兒女們正當的訓誨；他們也將會尊敬

上帝的聖日。……在預備日這天，還有一件事也當加以注意，那就是凡和弟兄——不論是本家的或教會中的——有意見不和的，在這一天都當化除。

安息日的光陰是屬於上帝的——上帝已給我們六個整天的功夫，可以作我們自己的事務，而給祂自己保留下一天。這應當是一個使我們得福的日子，我們應當在這日放下一切世俗的事務，而專心思想上帝及天上的事。

和兒女同去聚會——父母們應當定下了規矩，他們的兒女在安息日要去赴會，這是我們的本分，要命令兒女及家人跟從我們，像亞伯拉罕所行的一樣。凡領受浸禮誓約的人，便是嚴肅地奉獻自己，事奉上帝，他們負有所許之約的義務，使自己與兒女可儘量得到基督徒人生中的希望與鼓勵。

當我們敬拜上帝時，我們不應認此是一件辛苦的差事。應當使主的安息日對我們和我們的兒女是一種福氣。他們應當看安息日是一個喜樂的日子，是上帝已定為聖的日子；他們若是得到良好的教導，也就會有這樣的想法。

使安息日成為喜樂之日——應當使安息日在我們的家庭中成為這樣有趣的日子，以致每週逢到此日的來臨，大家都歡呼相迎之。父母們對於尊敬安息日的最妙方法，無過於設計向家人灌輸一些正

當的教導，使他們愛慕屬靈的事物，對上帝的品性有正確的見解，並知道祂期望我們怎樣使基督徒的品格完全，以得到永生。父母們哪，你們當使安息日成為可喜樂的，這樣，你們的兒女就要仰望安息日，並在心中歡迎這聖日了（參閱以賽亞書 58：13）。

以唱詩祈禱為最高潮——當太陽落山時，要用祈禱和頌讚的聲音來結束這神聖的時光，並且邀請上帝在未來六日的勞碌中與我們同在。

這樣，作父母的就按照所當行的，使安息日這一天成為一週之中最快樂的日子了。他們能領導兒女以安息日為可喜樂的，為萬日之日，就是可尊重的耶和華的聖日。

第 80 章　當存敬畏聖潔的心

應當敬畏上帝——真正敬畏上帝的心，是由於感覺到上帝的無比偉大並承認祂的無所不在而起的。當使每一個孩子的心中深深地感覺到有一位不能看見的主。「在聖者的會中，是大有威嚴的上帝，比一切在祂四圍的更可畏懼。」（詩篇 89：7）

祂的聖言是聖潔的——我們當敬畏上帝的聖言。我們對於《聖經》當表示尊重，切勿以它作為平常的用處或隨便處理之。切不可引用《聖經》的話來作為玩笑，或隨意解釋作為詼諧的資料。「耶和華的言語是純淨的言語，如同銀子在泥爐中煉過七次。」「上帝的言語句句都是煉淨的；投靠祂的，祂便作他們的盾牌。」（詩篇 12：6；參閱箴言 30：5）

應當教導孩子尊敬上帝口中所出的每一聖言。父母們應當時刻

在兒女之前彰顯主律法的訓誨，表現順從那律法，及自己生活在上帝的管理之下。如果父母們感覺到律法的神聖，這種悔改的心靈也必會變化人的品格。

禱告在哪裏，上帝就在哪裏——應當教導孩子尊重及敬畏禱告的時辰。當教導孩子看祈禱和公眾禮拜的時間與地方是神聖的，因為有上帝在那裏。人既在態度和舉止上顯出敬畏的心，就必在他的心中加深那引起敬畏的感覺。

上帝的家便是祂的聖殿——無論青年或大人，最好能研究、思想、及常常溫習《聖經》的話，提到應當如何對待上帝所特別臨格之地。

祂在火燒的荊棘中命令摩西說：「當把你腳上的鞋脫下來，因為你所站之地是聖地。」（出埃及記3：5）

雅各在見到天使的異象之後，喊說：「耶和華真在這裏，我竟不知道！……這不是別的，乃是上帝的殿，也是天的門。」（創世記28：16－17）

「惟耶和華在祂的聖殿中；全地的人都當在祂面前肅敬靜默。」（哈巴谷書2：20）

父母們不但應當教導，也當命令其兒女們，在進入聖所時應當肅敬靜默。

教導孩子存敬畏的心進去聖所——父母們哪，你們應當教導孩子明白在每次進入上帝聖所時，應當有這些思念來軟化及馴服自己的心：「上帝在這裏；這裏是祂的聖所。我必須有純潔的心思及至聖的動機。我的心中切不可有驕傲、嫉妒、猜忌、惡意的測度、仇恨、或欺詐；因為我現在是到聖潔的上帝面前。這裏是上帝與其子民相會及賜福他們之處。那住在永恆之中的至高至聖之主，正在鑒臨，搜察我心，並查閱我生平最祕密的思念與行為。」

應該與世俗之處有區別——應當有一塊聖潔的地方，像古代的聖所一樣，專供上帝與百姓相會之處。這地方不應作為餐廳或辦事處，應該單單用來敬拜上帝。若是孩子們每天到一個地方上課，而於安息日又在同一個地方聚集禮拜，他們就不會覺得那地方的聖潔，應當在進去時心存敬畏。聖潔與世俗之地這麼混雜一起，實在很難分辨得清那地是聖或是俗。

為此之故，那奉獻給上帝的禮拜堂或聖所，便不應當作為普通的場所使用。其聖潔氛圍也不應與平常每日的感覺或工作業務的生活情緒混和摻雜。在敬拜的會眾進入時，應當肅靜敬畏，放下一切平常的俗念，因為這是上帝顯示其聖容的所在。這是偉大永生之神的接見室，此外，驕傲、情慾、紛爭、自大、自私、貪心等等，都是對此聖所非常不合宜的。

把不肯安靜的孩子帶出去——當孩子在聖所中不安靜時，或孩

子們不能受約束，或是父母覺得這種約束太過嚴肅時，就該把那孩子當場帶出會堂，另闢兒童聚會的地方；不應使聽眾因孩子的說話或亂跑而分心。現今父母們在會堂內用散漫的方法管理孩子，這使上帝也蒙受了羞辱。

敬重牧師是上帝的代表——當尊敬上帝的代表，也就是那蒙召代祂說話行事的一般牧師、教師、和父母們。向這些人表示尊敬，便是尊榮祂。

現今孩子們很少被教導，知道牧師是上帝的大使，他所傳的信息，乃是上帝所定的救靈工具之一，而且凡有機會與他接觸的人，將要成為活的香氣叫人活，或是死的氣味叫人死。

凡是神聖而有關敬拜上帝的事物，都不可掉以輕心。每當台上宣講生命之道的時候，務要記得，你是在聽取上帝的聲音藉著祂所特派的僕人講話。不可因疏忽大意而錯失了這些話；如加以注意，它可能保守你的腳不致涉入歧途。

第 81 章　家庭與教會合作

在教會中的好行為是在家中學到的——家庭是一間學校，大家可在此地學會在教堂中應當怎樣行。家中有平安，教會中便有平安。這種寶貴的經驗傳進了教會之中，將創造出彼此和睦親愛的精神。各種爭論停止了，真實的基督徒禮貌便在眾教友們的身上出現。世人將認識他們是跟過耶穌和學過祂的樣式的。如果所有會眾過著是真基督徒的生活，則教會將給世人一種何等動人的印象啊！

教會中為何有弱點——許多人似乎以為教會中的衰微，貪愛宴樂的精神增長，是由於缺乏牧師的工作所致。不錯！教會是應當有忠心的領導者和牧師的。牧師們應當為那些尚未歸向基督的青年人，也當為那些名在教會簿冊中而實際上無信仰無基督在內心的人們，懇切作工。但是如果父母們忽略了自己的工作，則牧師們雖然忠心

作工，而且作得很好，收效亦必甚微。現今由於家中生活沒有基督教的精神存在，所以教會也就沒有能力。除非父母們負起工作，照所當行的去行，否則牧師很難引起青年人的責任感的。父母們為上帝作工，教會也因他們的忠心工作而堅強起來。

批評會殺滅人的靈命──你們若被試探要口出厲言惡聲，就當祈求主賜恩典能力來抵擋試探。須記得，你們的兒女聽到你們說的話，他們也會學習，說出那樣的話。你們是在用自己的榜樣來教育他們。須記得，你們若向會眾說粗話，你們如果被容許進入天國，到了天上你們也會說同樣的話的。……

提起了家庭，我們又說到教會。家庭的影響應當是那種能幫助及造福教會的。切不可說出埋怨及吹毛求疵的話。有些教會，因為容許私詆暗毀的精神，以致靈命幾被殺滅。我們為什麼說那些批評責難的話呢？人若對你們出口不遜，粗言無禮，就當嚴守緘默，因為這乃是最有力的申斥。應當保持完全的沉默。沉默往往是最佳的雄辯。

第十八篇：保守信仰經驗

署名：

日期：

一、閱讀第 358-377 頁。

二、重點複習：

1 哪一部作品遠勝於世上任何作者的作品？

2 身為偉大的教育者，《聖經》的地位應被列於何處？

3 每個家庭都應當建立什麼？

4 禱告是什麼？

5 什麼樣的家庭崇拜是上帝無法接受的？

6 眾天使會為祈禱的聖徒獻上什麼？

7 天庭會在何時注意著我們的家庭？

378

8 每天清晨，我們應當為何事祈求上帝？

9 我們要如何在每日生活中，為我們的子女築起安全的藩籬？

10 我們可以疏忽家庭禮拜嗎？

11 一場規劃完全的晨間敬拜應該包括哪三部份？

   Ⓐ

   Ⓑ

   Ⓒ

12 天庭的大門會為誰的祈禱而敞開？

13 父母和青年人是如何時常破壞了第四條誡命？

14 (1) 我們的雙手在安息日時應該要放下什麼？

(2) 什麼事則應該得到特別的照應？

15 家庭應該如何迎接安息天的到來？

16 誰應當為孩子解釋證道的內容？

17 孩子在安息天想玩遊戲時怎麼辦？

18 關於上帝的聖名、話語、禱告的地方，以及敬拜的地方，哪些事情是所有人都應當學習的？

19 孩子若對聚會造成干擾，應該將他帶到哪裡去？

20 孩子從何處學習在教堂裡應當有的言行舉止？

21 如果一個家有受信仰的管理，這樣的精神也會存在於何處？

三、評估自己對於禱告的態度：

能與上帝溝通是喜樂＿＿＿＿一份對上帝必要的責任＿＿＿＿一段寶貴時間，能檢視我們之前所犯的過錯＿＿＿＿一項空洞且毫無意義的儀式＿＿＿＿

1 關於禱告，我最喜歡的是：

2 我最希望的是：

四、問題與討論：

1 為什麼《聖經》是世上最偉大的一本書？

2 讀經對於心智有何影響？

3 《聖經》如何成為家的避風港？

4 如何讓兒童感受到，讀經是一項有趣的活動？

5 沒有家庭聚會——缺乏禱告的家會是怎樣情形。

6 當天使在你家門口觀望……。

7 家庭聚會應該在何時舉行？多久一次？

⑧ 讓家庭聚會變成孩子喜歡的活動。

⑨ 安息日崇拜時間——如何進行？

⑩ 如何按第四條誡命——「紀念安息日，守為聖日」？

⑪ 參加安息日敬拜需注意事項——如安息日的服裝等。

⑫ 在安息日下午為孩子安排的活動。

⑬ 教導對神聖之事所應持有的敬畏態度。

五、個人默想：

❶ 我的敬拜是沉悶、一成不變、一再重複同樣的話嗎？

❷ 我喜歡讚美上帝嗎？

❸ 我的孩子祈禱時，會抬頭仰望嗎？

❹ 我的孩子有信仰嗎？

❺ 我的孩子在教堂裡會和家人坐在一起嗎？

❻ 當我的孩子干擾聚會時，我會帶他出去嗎？

六、說出我對於禱告最新的回應。

結算的日子

Child Guidance

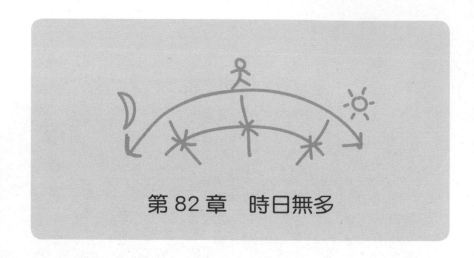

第 82 章　時日無多

撒但正在布置大軍──撒但正在布置其大軍，請問我們每個人是否預備好，可以應付這當前可怕的戰爭呢？我們是否已預備自己及家人，了解我們仇敵的勢況及其作戰的方式呢？我們的孩子有否養成果斷的精神，在每一原則及本分上堅持不讓呢？我祈求主使我們大家明白末世的兆頭，好好地預備自己及兒女，以便戰爭時，上帝可作我們的避難所及保障。

預備應付驚人的變動──罪惡快要到了盡頭。世上充滿了混亂，奇大的驚慌即將臨到人類。結局非常迫近。上帝的子民應當預備應付那世上快要發生的驚人大變動。

我們的時間非常寶貴。我們只有將盡時限的恩典，可為將來永生作準備了。

切不可遲延——現今所發生的種種大事，正在我們的路上投射其陰影。父母們哪，我勸請你們現今應對自己的兒女作最大的努力。每天給他們施予信仰教育。教他們愛上帝並忠於正義原理。在聖靈的神聖感化指導下，本著高尚懇切的信心作工，現在就作，不可耽延一日一時。

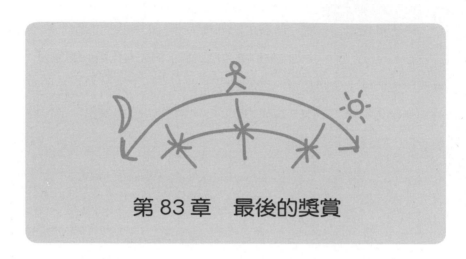

第 83 章　最後的獎賞

　　審判大日的情景──有一次我作了一個異夢，見到一大群的人聚集在一起，突然間諸天烏雲密集，雷轟、電閃，並有一個比最大的隆隆雷響更大的聲音，透過諸天及大地，說：「成了！」在這大群人之中有一部分的人，面色蒼白，拼命向前猛衝，哀聲哭喊，「哦，我還沒有預備好！」隨有聲音問道：「你們怎麼還沒預備好？為什麼你們沒有善用我所寬賜的機會？」後來我被震耳的哭喊嚇醒了，餘音不息：「我沒有預備好！我沒有得救！──滅亡了！滅亡了！永遠滅亡了！」

　　那些輕看《聖經》的人，彼時將面對那啟示聖言的作者。我們現今在世生活，不能不關心那審判大日之事，因為那日子雖已久被耽延，但距現今卻是非常臨近，甚至近在門前，而且大為加速。天

使長的號筒大響，不久將驚動活人和喚醒死人，在那日，惡人將從義人中被分別出來，猶如牧人把山羊從綿羊中隔離開一樣。

屆時上帝會問我們：「你們的兒女在哪裏？」——父母們若忽略上帝交給他們的責任，在審判時他們必須應付這失職之罪。那時主要問我們：「我交給你們去替我訓練的兒女們現今在那裏呢？為什麼他們不在我的右邊？」許多父母屆時將看出，自己受了愚蠢之愛所盲目，見不到兒女們的過錯，而讓他們養成損壞的品格，不配進天國。其他的人們也會看出自己未給兒女們時間與關心、慈愛與憐恤，而且因為自己的玩忽責任，兒女們才會變成這樣。

父母們哪，如果你們錯過機會，上帝可憐你們吧！因在審判之日上帝要責問說：「先前賜給你的群眾，就是你佳美的群眾，如今在哪裏呢？」（耶利米書 13：20）……

假使你們能進天國，而你們的兒女們都不在那裏，你們怎能對上帝說：「我要倚賴祂；又說：『看哪，我與上帝所給我的兒女。』」呢？（希伯來書 2：13）天庭會記下父母們的失職之罪，這些都要錄在天庭的簿冊中。

各家庭將受上帝檢閱——當末日審判時，父母們要與兒女們相遇，那將是一場什麼樣的情景啊！成千上萬的兒女，曾作食慾及卑鄙邪惡的奴隸，過道德破產的生活，這時將與那造成他們這樣的父母們面對面。除父母們之外，還有誰要負起此可怕的責任呢？

你很粗心大意嗎？──唉，但願做父母的當留意於兒女永遠的幸福，且為此懇切祈禱！他們當捫心自問：「我們曾否大意過？是否忽視了這一嚴肅的工作？是否讓兒女成了撒但試探的玩物？是否容許兒女利用其才能、光陰、和勢力來反抗真理，抵擋基督，難道我們將來不要向上帝交一筆嚴重的帳嗎？撒但國裏的臣民增加了，難道我們沒有忽略作家長的責任嗎？」

如果母親們忽略好好教育兒女們，她們的失職將必反映在自己的身上，給自己製造許多重擔，使難題更加複雜；反之，她們若肯用功及耐心訓練兒女們聽話順服，就不至於如此麻煩了。

兒女們將譴責不忠心的父母們──上帝的咒詛必要落在那些不忠心的父母們身上。他們不但是現今種了荊棘，自己要受傷害，到了審判時，他們還得為自己的不忠心而受報應。許多兒女將在審判時站起，指責父母縱容他們，及害他們滅亡的罪狀。父母的盲目溺愛，寬恕兒女的過錯，馬虎不矯正他們，結果，兒女們沉淪滅亡了，他們靈性的血債，是要落在那不忠心的父母們身上。

兒女們將向忠心的父母致敬──當審判大日，案卷展開，而審判全地的主對忠心的僕人說「好」，並將永生的冠冕加在得勝者的頭上時，許多人便要當著全宇宙的觀眾脫下冠冕，指著自己的母親說：「靠著上帝的恩典，我之能有今日，全賴乎她的功勞。她的教導和祈禱已蒙賜福，使我可以承受永遠的救恩。」

忠心訓練的果效必彰顯出──凡存著不自私的精神而工作的人，必目睹自己工作的效果。有許多父母和教師到了彌留之際，覺得畢生的事業全是徒然的，殊不知他們自己的忠心，已開啟了永流不竭的福源。他們將看見自己所訓練的孩子，成為造福人群與感化眾生的人，而所留的影響必一再擴大至千倍之多！到了來生，這一切的行為及反應都必彰顯出來。

父母們可引領其兒女同進應許之地──上帝已讓其亮光從寶座發出，照亮人生全部途程。在我們之前，日間有雲柱，夜間有火柱，像古代以色列人的前面所有的一樣。這是今日基督徒父母們的特權，猶如以往上帝子民的特權一樣，可引領其兒女同進應許之地。

你要你的家歸屬於上帝。你要領他們到聖城的門並說：「主阿，我在這裏，你所賜給我的兒女也都在此。」（希伯來書書 2：13）他們雖已長大成人，男男女女，但畢竟還是你的兒女；你所給他們的教育及關懷，都蒙上帝的賜福。現在你可以說：「主啊，我在這裏，我的兒女們也都在此。」

傷心的父母將得到安慰──妳問起自己的小孩子能否得救，這是基督給妳的回答：「讓小孩子到我這裏來，不要禁止他們；因為在天國的，正是這樣的人。」當記得先知的預言，「耶和華如此說：在拉瑪聽見號咷痛哭的聲音，是拉結哭她兒女，不肯受安慰。……耶和華如此說，妳禁止聲音不要哀哭，禁止眼目不要流淚，因妳所

做之工必有賞賜；他們必從敵國歸回；這是耶和華說的。耶和華說：你末後必有指望，你的兒女必回到自己的境界。」（耶利米書 31：15 － 17）

這道應許是給妳的。妳可以信靠主並得安慰。主曾多次指示我，許多小孩子們在大艱難時期之前離世。我們將重見自己的兒女。我們將在天庭見到他們，並且認識他們。妳當信靠主，也不要懼怕。

兒女們要被帶回母親的懷抱中——活著的義人要在「一霎時，眨眼之間」改變（哥林多前書 15：52）。上帝的聲音已使他們得榮耀；現在他們要變為不朽的，且要與復活的聖徒一同被提到空中與他們的主相遇。天使要將主的選民「從四方，從天這邊到天那邊，都招聚了來。」（馬太福音 24：31）天使要將小孩子送到他們慈母的懷抱裏。因死亡而久別的親友要團聚，永不再離散。隨後他們要唱歡樂的詩歌，一同升到上帝的城裏。

天庭是值得一切的代價——天庭是值得我們付出一切代價的。我們不應在此事上冒險。我們不應在此孤注一擲。我們必須知道自己的腳步是上帝所定的。但願上帝在此勝利大工上幫助我們。祂許多的冠冕可賜給凡得勝的人。祂有白袍賜給義人。祂有榮耀的永恆世界，要賜給凡尋求榮耀、尊貴、及永生的人。每個進入上帝聖城的人，都是得勝者。凡進入聖城的人，要受到歡迎說：「你們這蒙我父賜福的，可來承受那創世以來為你們所預備的國。」（馬太福音 25：34）

共享基督的喜樂——我們見到城門的兩邊有眾天使隨從；當我們穿過城門時，主耶穌說：「你們這蒙我父賜福的，可來承受那從創世以來為你們所預備的國。」祂在這裏告訴你們可分享祂的榮耀，那到底是什麼呢？父親們哪，這就是你們見到自己身經憂患之後的喜樂。母親們哪，這是妳們見到自己百般辛苦得到報償的喜樂。你們的兒女們都在這裏；他們的頭上戴著生命的冠冕，上帝的眾天使要使那些勞苦爭取兒女歸向耶穌基督的母親們的名字萬古流芳。

光榮的勝利之日——現在，教會正在奮鬥；現在，我們面前的世界是個黑暗的世界，是個幾乎完全拜著偶像的世界。……但是日子將到，戰爭就要停止，勝利必將取得。上帝的旨意必行在地上，如同行在天上一樣。人人都必成為快樂融和的一家之人，穿著讚美感謝的衣裳——基督的義袍。主耶穌基督和上帝要同聲宣告說：「上帝要擦去他們一切的眼淚；不再有死亡，也不再有悲哀、哭號、疼痛，因為以前的事都過去了。」（啟示錄 21：4）

這種將來的榮耀景象，這種上帝所親手描寫的情形，應為祂的子民所珍視的。……

我們應當時刻把這未見之事的景象存在心中。這就會使我們能夠辨識永生的事和暫時的事之真價值。這就會給我們能力，來吸引別人達到更高尚的人生。

有的父母們見到兒女們得冠冕、衣袍、金琴，便感到說不出的

快樂！那些希望與擔心的日子都結束了。流淚禱告所撒的種子，當年似是白費心血，現在終於有了喜樂的收成。他們的兒女們已蒙了救贖。父母親們哪，你們的兒女們是否將在那日高唱喜樂之歌呢？

個人學習單

第十九篇：結算的日子

署名：

日期：

一、閱讀第 382-390 頁。

二、重點複習：

1 撒但如今正在籌劃何事？

2 上帝的子民如今應當為什麼事做好預備？

3 在為將來天家做預備一事上，父母親可以延遲多久呢？

4 在不久之後，天使長的號筒聲將喚醒哪兩件事？

Ⓐ

Ⓑ

5 在天庭的記錄簿上，所記錄下來的會是什麼呢？

6 不忠心的父母將來要面對什麼事？

7 什麼是我們應當在我們面前永遠留存的？

8 伴隨著這卷珍貴的生命書卷一同闔上的，會是什麼呢？

三、評估你自己對於基督復臨的態度：

令我的生命充滿了喜悅與歡樂 ＿＿＿＿＿ 令我放下其他事物專心思考

＿＿＿＿＿ 令我害怕，恐懼充滿我心 ＿＿＿＿＿ 一想起，恐怖與焦慮就佔據我

＿＿＿＿＿

1 我認為上帝為我描繪的畫像中最美的是：

2 我認為上帝為我描繪的畫像中最醜的是：

四、問題與討論：

1. 時間的終結──上帝所設的最後一刻！

2. 若基督此刻來到，我的家庭是不是已經預備好迎接主？

3. 完全順服的例子──第三位天使的部份信息。

4. 描述父母與子女將面對的審判日。

5. 若子女喪失了拯救，那麼做父母的能得救嗎？

6. 上帝為我照的像。

7. 在審判日時，子女會讚美、還是譴責父母呢？

8. 在天堂重新聚首的一家人。

9. 天堂值得這一切嗎？為什麼？

10. 對於不稱職的父母，上帝有何令人震驚的話要說？

11. 偉大教師最後的吩咐。

五、個人默想：

1. 基督何時會再來呢？

2. 我預備好了嗎？

3. 我的孩子預備好了嗎？

4. 如果不是，我該從何時起開始為祂工作？

5. 如果基督此刻就要復臨，我的孩子是否已經站在那能讓祂看見並尋著的地方呢？

6. （續上題）祂是否能靠我的孩子所說的話語和行為表現，認出他是屬祂的兒女呢？

六．說出我對於孩子最大的期望。

國家圖書館出版品預行編目資料

聖經教導父母的十九個學分 / 懷愛倫作；時兆編輯
部譯 . -- 初版 . -- 臺北市 : 時兆 , 2015.07
　　　面；　　公分
譯自：Child guidance
ISBN 978-986-6314-55-1(平裝)

1. 基督徒 2. 親職教育

244.99　　　　　　　　　　104008635

聖經教導父母的
19個學分 Child Guidance

作　　　者	懷愛倫	
譯　　　者	時兆編輯部	
董 事 長	李在龍	
發 行 人	周英弼	
出 版 者	時兆出版社	
客服專線	0800-777-798	
電　　話	886-2-27726420	
傳　　真	886-2-27401448	
地　　址	台灣台北市 105 松山區八德路 2 段 410 巷 5 弄 1 號 2 樓	
網　　址	http://www.stpa.org	
電　　郵	stpa@ms22.hinet.net	
責　　編	周麗娟	
美術編輯	時兆設計中心、林俊良	
封面設計	時兆設計中心、林俊良	
法律顧問	洪巧玲律師事務所　電話：886-2-27066566	
商業書店	總經銷 聯合發行股份有限公司 TEL：886-2-29178022	
基督教書房	基石音樂有限公司 TEL：886-2-29625951	
網路書店	http://www.pcstore.com.tw/stpa	
電子書店	http://www.pubu.com.tw/store/12072	
I S B N	978-986-6314-55-1	
定　　價	新台幣 260 元　美金 10 元	
出版日期	2015 年 7 月 初版 1 刷	

時兆讀友回函

謝謝您購買時兆的出版品，希望您看了很滿意。也請費心填寫此回函卡，讓我們可依此提升服務品質，我們並將不定期寄上最新出版訊息，以饗讀者。

您購買的書名：＿＿＿＿＿＿＿＿＿＿＿＿＿＿＿＿＿

姓名：＿＿＿＿＿＿＿＿＿ 性別：□男 □女

生日：＿＿＿＿年＿＿＿＿月＿＿＿＿日

地址：□□□＿＿＿＿＿＿＿＿＿＿＿＿＿＿＿＿＿＿＿

聯絡電話：＿＿＿＿＿＿＿＿＿＿＿ 傳真：＿＿＿＿＿＿＿＿＿＿＿＿

若您願意收到時兆不定期的新書資訊或優惠活動，請留下您的E－mail：

＿＿＿＿＿＿＿＿＿＿＿＿＿＿＿＿＿＿＿＿＿＿＿＿＿

學歷：□高中及高中以下 □專科及大學 □研究所以上
職業：□學生 □軍公教 □服務 □金融 □製造 □資訊 □傳播
　　　□自由業 □農漁牧 □家管 □退休 □其他

您覺得本書價格：□偏低 □合理 □偏高

您對本書的整體評價：（請填代號1.非常滿意2.滿意3.普通4.不滿意5.非常不滿意）
書名＿＿＿ 內容＿＿＿ 封面設計＿＿＿ 版面編排＿＿＿紙張質感＿＿＿

您從何處得知本書消息？
□教會 □文字佈道士 □書店（店名：　　　　　）□親友推薦
□網站（站名：　　　　　　　）□雜誌（名稱：　　　　　）
□報紙 □廣播 □電視 □其他：

您通常透過何種方式購書？
□教會　　□文字佈道士 □逛書店　　□網站訂購　□郵局劃撥
□電話訂購 □傳真訂購　□團體訂購 □其他：

您喜歡閱讀哪些類別的書籍？
□宗教：□靈修生活 □見證傳記 □讀經研經 □慕道初信 □神學教義
□醫學保健 □心靈勵志　□文學　　　□歷史傳記 □社會人文
□自然科學 □休閒旅遊　□科幻冒險 □理財投資 □行銷企劃
□其他：

對我們的建議：

＿＿＿＿＿＿＿＿＿＿＿＿＿＿＿＿＿＿＿＿＿＿＿＿＿

＿＿＿＿＿＿＿＿＿＿＿＿＿＿＿＿＿＿＿＿＿＿＿＿＿

＿＿＿＿＿＿＿＿＿＿＿＿＿＿＿＿＿＿＿＿＿＿＿＿＿

請沿虛線剪下，謝謝！

＊**請放大影印傳真至本社，傳真熱線：（02）2740-1448**